JORGE CERVERA TIRADO

GASTRONOMÍA FÁCIL

Técnicas y Consejos Prácticos Para Iniciar, Gestionar y Llevar Al Éxito Tu Actividad En El Sector De La Gastronomía Partiendo Desde Cero

Título

Gastronomía Fácil

Autor

Jorge Cervera Tirado

Editor

Bruno Editore

Página web:

http://www.brunoeditore.it

Indice

Introducción

"Gastronomía fácil" podría calificarse como un manual atípico, el relato y enumeración de varios condicionantes, los cuales, una vez controlados y realizados positivamente, pueden ayudar a que tu nueva actividad gastronómica sea un éxito.

Con este libro intentamos describir diferentes variables y escenarios que entran en juego en la gestión de un bar o restaurante, descritos con sencillez y linealidad.

Veremos los diferentes problemas de gestión dentro de la empresa de gastronomía; desde la planificación inicial, análisis y estudio de la competencia, plan de marketing, gestión operativa, así como herramientas de control a utilizar.

Hablaremos de los distintos tipos de bares o restaurantes existentes con sus diferentes servicios y productos ofrecidos, así como las principales estrategias a considerar, ya sean de ventas o de costes.

Todo esto con varios ejemplos e imágenes de compañías reales que de alguna manera han logrado tener éxito, o igual el relato de situaciones verídicas para tener como ejemplo y experiencia.

Os mostraré diferentes herramientas y métodos de gestión utilizados hoy en día por empresas con varios puntos de venta gestionados simultáneamente.

Imaginemos que entramos en una cueva oscura sin luz alguna. Aparecerán factores como el miedo por lo desconocido, el poder caer en algún tipo de hueco vacío, el no saber que hay dentro en zonas desconocidas etc. Intentaremos darte la linterna con la que puedas alumbrar esta cueva y ver todos y cada uno de los rincones de esta, para que tu travesía sea más segura.

Obviamente para que esta apertura de tu actividad de restauración sea lo más positiva posible intervienen innumerables factores que pueden hacer que tu actividad vaya bien o mal (factores externos que no puedas controlar, no ser eficientes con el staff, acciones políticas que incidan en tu actividad, un simple hecho social que nos afecte de manera grave…), pero en este libro te contamos varios y diversos puntos que inciden en la buena realización de tu proyecto, para poder conseguir que el riesgo de fracaso sea mucho menor y que la probabilidad de que todo vaya bien sea más grande.

La hostelería es un sector con un importante peso en la economía de un país, sobre todo en aquellos con un sector terciario de servicios importante. Por ejemplo, en España durante el 2018 representó un 6,2% del PIB Nacional, llegando a facturar 123.000 millones de euros, empleando a 1,7 millones de trabajadores y superar los 300.000 establecimientos (datos informe patronal del sector de hostelería).

Pero al mismo tiempo durante los últimos 8 años se han cerrado 19.300 bares, una media de 2.400 al año. Veremos algunos puntos que igual podrían ayudarte a que tu bar o restaurante no esté dentro de esa media negativa.

Igual eres alguien con experiencia en Gastronomía, o igual llevas tiempo trabajándola y adquiriste buenos conocimientos, o te vinieron a la cabeza tantas ideas que ahora puedes emprender tu propia aventura en solitario. Igual eres un apasionado de la cocina o del mundo de las bebidas, o igual simplemente crees que puedes realizar una inversión en un local que te será rentable.

Los motivos pueden ser variados, el objetivo final el mismo, abrir un local gastronómico. La pregunta que nos viene es ¿qué tipo de local abrir?

A no ser que tengas la idea muy clara, las opciones o posibilidades pueden ser varias.

El primer factor que incidirá entre una u otra opción será el económico. Está claro que para algunas actividades la inversión tendrá que ser mayor, así como la especialización. En otros casos, igual con menos inversión podremos hacer realidad nuestro sueño, y poder llevar adelante esa actividad que siempre hemos soñado. Y es que recuerda, la pasión y dedicación que pondremos en nuestra actividad será uno de los factores principales para el éxito.

Dejando el factor económico e inversión a un lado, tendremos que decidir el tipo de local a abrir, quizás una actividad de restauración de procesos, bien algo tipo gestión familiar y en el que nuestra mano y toque personal sea diferencial, bien gastronomía tipo gourmet…

En las próximas páginas veremos los distintos factores que pueden influir en una u otra idea o decisión. No hay una que sea mejor que otra, o que sea más fácil o de mayor rentabilidad, el éxito final dependerá de ti.

Nos centraremos en este libro en la parte de la oferta, pero sin dejar de lado la gestión de costes y parte presupuestaria. No entraremos en otras partes de gestión como manuales de producción, control higiénico-sanitario, seguridad en el puesto de trabajo…, ya tendremos tiempo en futuros manuales.

No existe un secreto para el éxito asegurado, pero sí es verdad que, con trabajo, preparación y profesionalidad, estaremos más cerca.

El resto depende sólo y únicamente de TI!

Capítulo 1:
El mercado

1. ANÁLISIS DE MERCADO

Pensemos en la atmósfera de sala que queremos crear en nuestro local. Por ejemplo, una tapería en la que predomine la madera, el toque de calor de alguna tela, pizarra negra tipo mate…, o en un restaurante tipo gourmet en el que utilicemos tejidos de alta calidad, vistamos la mesa con manteles de manera impecable, con cubiertos último diseño, una iluminación adecuada…

Todo esto puede ser válido o no en función del mercado. Por ejemplo, no siempre ese mismo precioso local que nos encontremos en el centro de una ciudad, puede funcionar en un mercado tipo turístico o a la inversa.

Podremos tener la idea de crear un tipo de atmósfera y tratar de imponerla en el mercado en el que nos encontremos, o bien podremos analizar dicho mercado, ver lo que ofrece la competencia, y a partir de ahí buscar la atmósfera que nos haga diferenciarnos. Esto no quiere decir que un método sea mejor que el otro, es simplemente una manera de iniciar la parte principal de nuestra planificación. Aunque eso sí, siempre es mejor partir por el análisis de mercado y estudio de la competencia.

La ubicación de nuestro local es otro factor indispensable en el éxito. En función del tipo de zona dónde se encuentre, o la posición del mismo, el potencial para captar clientes puede ser muy distinto, ¡así como la cantidad de dinero a invertir en el mismo! Sin embargo, pensemos a posicionar nuestro local en áreas de servicio, zonas industriales, zonas cercanas a monumentos importantes…, la inversión puede variar considerablemente.

2. TIPOS DE MERCADO

Existen distintos tipos de actividades en función de las características del mercado en el mundo de la gastronomía; urbano (de ciudad), local rural, en zonas de tránsito (de carretera), turístico, cercano a centros de actividad deportiva…
Hablaremos por ahora sólo de alguno de ellos.

Local en zona turística

A veces puede coincidir en concepto y proceso de producción con el local de ciudad. En este caso, como local turístico y local de ciudad, partimos de una diferencia importante; la frecuencia de visitas del mismo cliente.

En un local tipo turístico, un gran número de veces el cliente es de una única visita, rara vez se convierte en habitual (a no ser que sea residente en la zona y le guste nuestro producto), igual sí que puede repetir en el caso de que su experiencia haya sido satisfactoria y repita destino. El motivo por el que viene a nuestro local es principalmente porque se encuentra de visita o de vacaciones en nuestra zona, es decir, el cliente vino a visitar nuestra ciudad, pueblo o isla en cuestión y por ciertos motivos se sienta en nuestra mesa.

El tipo de restauración y la carta a ofrecer serán distintas y se adaptarán a nuestra demanda, siguiendo distintos tipos de turismo tales como:
- Turismo de naturaleza: mar, montaña, turismo termal, parques...
- Turismo cultural: iglesias, museos, monumentos...

El poder de captación a la hora de planificar nuestro producto y oferta tiene que ser importante. Tendremos que destacar respecto a nuestra competencia, con una atmósfera distinta, algún factor novedoso, un producto de calidad y otros distintos factores.

La política de precios seguramente será decisiva. El cliente tipo de estos locales, suele ser muy impulsivo. Se encuentra frente a un gran número de restaurantes dónde puede ver distintos precios y con mucha información. La manera en la cual nos presentemos será clave.

Imaginad la calle de una ciudad que recibe un gran número de turistas diariamente, una calle con una buenos edificios y zonas donde apreciar un determinado estilo de arquitectura, colores más bien encaminados hacia el gris de la piedra, con el toque de la madera de las casas que la rodean…, a la hora de crear la atmósfera de nuestro local tendremos que considerar todos estos factores. Por un lado, que nuestro local esté en línea con la arquitectura de la zona (a veces este factor puede ser incluso impuesto), ypor el otro diferenciarnos de los otros locales. En este tipo de locales existen factores a tener en cuenta:

Comunicación Comercial (Brand communication)

Nombre del local, cartel de ingreso, fachada

Atractivo, llamativo, distinto a los demás, que capte la atención del cliente. Imaginemos por ejemplo en nuestra calle repleta de restaurantes, la gran mayoría con carteles de color oscuro..., el utilizar un color bastante distinto puede hacer captar la atención del cliente.

Identificar un color corporativo con nuestra idea de negocio

Podemos utilizar el color verde para restauración con productos tipo Bio o para aquellos con menor índice de grasas, colores enérgicos tipo impulsivos (rojo o amarillo) para negocios tipo Fast Food, azul para cartas de restaurantes con mayor parte de productos de mar…, las opciones son múltiples. Eso sí, elige bien porque éste será seguramente uno de los factores diferenciadores a nivel de imagen.

Es importante seleccionar bien nuestra imagen corporativa (corporate image) ya que será el ítem final con el que nuestro cliente nos identificará y asociará. Además del color, el nombre de nuestro local, slogan, logo, tipo de letra utilizada en menús…

Precios

Exponer a pie de calle, ya sea mediante la normal lista de menú, pizarra, cartel publicitario exterior, cornisa o cartel. Lo primero que hará el potencial cliente antes de entrar en nuestro local en el caso de que no lo conozca será mirar los precios de nuestros productos.

En este tipo de actividad el precio es un factor muy importante, casi excluyente. El cliente es muy sensible al precio y normalmente buscará el local con el más bajo precio para el tipo de producto que busca. Nuestro restaurante debe responder a la necesidad de dar un producto de calidad bien elaborado pero además de ofrecerlo a un mejor precio del que ofrece la competencia, ya que normalmente y sobre todo en estos últimos tiempos, el presupuesto para vacaciones y viajes suele ser limitado.

Buen mobiliario y creación de atmósfera

Dentro de nuestras posibilidades de inversión, la selección de un buen mobiliario puede resultar clave. Imaginaros que os encontráis de frente a dos restaurantes; uno con sillas y mesas rojas de plástico sobre el normal pavimento de la calle no demasiado bonito, el otro con una silla y mesa de diseño en madera tipo vengué sobre una bonita tarima flotante. Sé que el ejemplo es extremo, pero el mobiliario de nuestro local denota externamente la calidad e imagen de nuestro producto, y despierta una buena expectativa en nuestro cliente.

A veces no viene mal contar con el asesoramiento de expertos en decoración si nos viniera la oportunidad, no siempre el local mejor decorado es aquel con el mueble más caro. A veces reutilizar elementos y rehabilitarlos puede resultar una grata sorpresa.

El ser transgresor y rompedor también nos puede ayudar. No siempre hagáis lo que hacen todos, intentad ir a contracorriente..., locales con sillas y mesas de distintos modelos y colores, con distintos ambientes, rompiendo con el orden simétrico, combinando distintos espacios, córneres temáticos... ¿os despierta la curiosidad?

Producto distinto a los demás

Normalmente la cocina de este tipo de actividad suele ser bastante similar entre los mismos restaurantes, algo tipo fastfood, cocina tipo snack, bocadillos o sándwiches, pizza…, o menú del día (pasta, arroz…). Cocina de elaboración rápida y de procesos.

Una vez un gran profesor de estrategia empresarial durante mi período en la escuela de negocios ESIC me comentaba que únicamente existían dos estrategias; aquellas basadas en coste (precio) y aquellas basadas en la diferenciación (producto). Pues bien, en este tipo de mercado saturado, ya sea de actividades, ya sea de clientes, la diferenciación es clave.

Si instaláis vuestro local en un mercado de este tipo, intentad hacer algo que no hayan hecho los demás. Podéis pensar..., "si soy el mejor haciendo este tipo de cocina, el cliente elegirá mi local", puede ser cierto, pero en este caso esta información no siempre llega al cliente.

Lo que sí que recibe es el concepto y producto de cada local. El hacer algo distinto a todo el resto, nos dará aquel "trozo de tarta" o nicho de mercado en exclusividad. Se puede probar con algo tipo étnico, algo simple, pero de calidad…, algo que se nos dé bien, que sea factible y que sea distinto.

Sólo bocatas!

Recuerdo durante mi etapa en Suiza, colaborando con el Grupo Migros, en uno de esos viajes cuando me tocaba viajar a la Central Nacional Migros en Zurich siempre veía un pequeño local lleno de gente, con mucha cola. Un día por curiosidad me paré para ver qué es lo que hacían así de bien que siempre tenían tantos clientes.

Era una bocadillería, tenían unos 10 o 12 ingredientes (embutidos, quesos y dos salsas), y 3 tipos de baguettes..., eso sí, de calidad. Buen precio, servicio rápido, y con un producto tan fácil de ensamblar que no era muy difícil equivocarse. ¡Simplemente GENIAL!

Algo parecido encontré en Milán, en una bocacalle de Via Vittorio Emanuele, cerca de la Piazza Duomo. Allí existe un pequeño local que vende un único producto; los panzerotto (tipo de empanada bocadillo con relleno y características similares a la pizza). Pues bien, durante la hora del almuerzo no os podéis imaginar la cantidad de personas que se podían ver todos los días.

Se puede comprobar que para encontrar el éxito no siempre es necesario invertir mucho dinero o ser un gran especialista de cocina en todos y cada uno de los productos de un menú. Hay que tener las ideas muy claras, hacer algo diferente, algo que realmente sepamos hacer bien, y ser meticulosos en el proceso.

Procesos en nuestra elaboración de productos

Hoy en día una de las grandes dificultades en la eficiente gestión de un local gastronómico y que a su vez es el activo a veces más importante, es la de la gestión de las personas.

Ya puedes tener el local más bonito de la ciudad, la mejor carta, la mejor idea, comunicar mejor que nadie, pero si el personal que te lleva adelante la actividad no funciona o no sigue tus pautas, el negocio no irá bien, garantizado al 100%.

Obviamente lo mejor es contar con una política de retribución, incentivos económicos y no económicos, de formación y otros productos atractivos para nuestros colaboradores que nos garantice un staff o plantilla de personal adecuada. Pero no siempre podemos garantizar este punto, bien por recursos financieros, bien por disponibilidad de tiempo.

Siempre nos encontraremos con quien pueda pagar más al

colaborador de lo que nosotros podemos, o bien quién pueda ofrecer unas posibilidades de carrera más atractivas. Podemos (y debemos) también realizar procesos de formación continua con el personal, pero sabemos que siempre existirá algo de rotación y el riesgo de que un día nos abandonen. No por este motivo dejaremos de hacerlo. Tener una buena política de carrera y de formación para tus colaboradores hará de ti una atractiva empresa en la que poder trabajar.

Por ejemplo, en las grandes cadenas hoteleras y de restauración, el ejemplo claro y uno de los puntos estratégicos clave en la gestión del personal es ese, el del PROCESO, ya sea por la parte del servicio que por la del producto.

Podemos elaborar normas de comportamiento, procesos de recibimiento idóneo de nuestro cliente, de gestión de quejas…, todo aquello que pensemos que será clave en el devenir de nuestro restaurante. O bien otros procesos más meramente operativos como estructuración del servicio, gestión de comandas y comunicación con cocina…

A su vez podemos también elaborar procesos estrictamente para el producto tales como elaboración de los mismos (escandallos) que nos garanticen la misma calidad y coste deseados, uso de maquinaria que nos ayuden a la estandarización de estos procesos etc.

Uno de los puntos clave y seguramente hacia donde se dirige actualmente la gastronomía es el de digitalización, pero de este punto hablaremos más adelante.

Rotación del cliente (adaptemos el mobiliario a nuestra estrategia)

El concepto de rotación del cliente es otro dato a tener en cuenta. Tener una alta rotación de clientes es tener el mayor número de clientes posibles en un determinado espacio de tiempo. Mayor es la rotación, mayor será el número de clientes que se sienten en nuestras mesas.

En las actividades turísticas o de Fastfood la rotación será alta, mientras que en restaurantes más tipo Gourmet o de productos o platos de mayor elaboración y precio, la rotación será mucho más baja.

La rotación normalmente (salvo excepciones) es inversamente proporcional al gasto medio del cliente y al tiempo de permanencia, es decir, por ejemplo, en un fastfood la permanencia media de un cliente es más baja (o sea rotación alta) y su gasto medio es asimismo más bajo. Todo lo contrario, sucede normalmente con la gastronomía tipo Gourmet, por ejemplo, un restaurante de un cierto nivel y precios que ofrece un menú de degustación, el tiempo de permanencia será mayor.

¿quedó entendido? ¡Vaya!, me metí un poco en teoría económica…

El menú, la presentación del plato, el mobiliario, el tipo de servicio..., son todos factores que influyen en la rotación.

Ristorante Elementi, Lugano (Suiza)

Alrededor del 2014 y durante mi etapa como Food&Beverage Manager del Casino de Lugano me encargaron un proyecto de creación de un restaurante.

En el interior de la estructura existía un local destinado a buffet para un determinado tipo de clientes, con una media de 8 a 10 clientes diarios, un producto no muy atractivo en aquellos momentos.

Se decidió por aquel entonces de iniciar y crear un restaurante tipo gourmet con una buena carta, pensado únicamente para los jugadores de azar y de juegos de mesa del Casino.

Pues bien, el espacio era reducido, no existía cocina (cuando era un buffet, el producto llegaba desde la cocina central mediante carros de transporte de comida), y el ambiente era algo frío y poco acogedor.

En este caso dejamos el pavimento tal y como estaba ya que estaba bastante bien (gris oscuro brillante) e intentamos sacar provecho del gran ventanal que teníamos en frente con una preciosa avenida de la ciudad de Lugano.

La mesa seleccionada tenía tablero tipo pizarra (de unos 80-90cm) intercambiando modelos cuadrados con rectangulares e incluso una circular de 6 comensales. Distribuyendo las mesas en paralelo una al lado de la otra conseguimos obtener unos 40 comensales en total, con un atril de Welcome para clientes donde gestionábamos las reservas, y dos estaciones de servicio (una con mueble donde teníamos mantelería, cristalería y TPV).

Recortamos unos 35 m2 del bar de la sala para poder construir la cocina, en la que contábamos con una pequeña cámara frigorífica (productos frescos), una zona de lavado con plounge, zona fría y dessert y zona caliente con inducción..., plancha, horno combisteamer, salamandra, abatidor..., con un pass para camareros (armario de calor incluido). Un trabajo eficiente en lo que se refiere a aprovechar el espacio disponible.

Cocina a vista, ya que quitamos una parte de muro para poder insertar una ventana que hiciera que nuestros clientes pudieran ver el interior de la cocina, darles la tranquilidad y garantía de ver lo que comían y como era preparado.

La carta constaba de unos 25 platos diferentes con postres incluidos, todos preparados con mimo y cariño.

Utilizábamos procesos de elaboración en todos y cada uno de ellos, partiendo de fichas técnicas, elaboración de fondos y salsas ya en porción singular y empaquetados al vacío.

Teníamos que ser muy eficientes y aprovechar tiempos muertos, así como el espacio del que disponíamos.

Lo que debía de ser un restaurante únicamente para clientes se convirtió en todo un éxito, con una triple rotación de sala completa los fines de semana, o sea durante las cenas, triplicábamos mesas y reservas. Dábamos a veces hasta 130 cubiertos.

Abríamos únicamente durante el horario de cena, así que inventamos el concepto de Late Dinner (imaginad que en Suiza normalmente se cena entre las 18:00 y las 19:00). Dábamos cenas hasta pasadas la 1:00 de la madrugada.

Como comunicación utilizamos únicamente medios internos en la estructura del Casino y una única red social, TripAdvisor, la cual trabajamos con mucha dedicación, intentando que todos nuestros clientes pudieran comentar su experiencia, fuera cual fuera.

Tuvimos asimismo rotación de personal, pero gracias a los procesos de servicio instaurados, pudimos lograr que el servicio no se resintiera.

Recuerdo aquella época y aquel grupo de personas con mucho cariño.

Local de carretera

En este tipo de locales nos encontramos con situaciones algo distintas al anterior. Son locales normalmente aislados de la competencia, en zonas de descanso para conductores, en carreteras convencionales, autovías o autopistas donde el cliente para más por necesidad.

Factores a tener en cuenta para este tipo de locales.

Precios

Es probable que el cliente pueda repetir la visita en nuestro local, ya sea porque se encuentra en una ruta que hace normalmente en fines de semana, en período de vacaciones o por encontrarse en la ruta de viaje de trabajo regular que realice.

Aunque no tengamos que ser muy agresivos con el precio, si es verdad que tendremos que ser competitivos, ya que, aunque nuestro reclamo comercial sea bueno y haga que la primera visita del cliente esté asegurada, si una vez el cliente nos visita y no se encuentre a gusto, puede ser que no se vaya a repetir esta visita.

Mobiliario y atmósfera

La iluminación es importante. Pensad que nuestro cliente conductor igual decide parar en nuestro local con el objetivo de descansar. Colores no muy agresivos, amplitud del local, mobiliario cómodo…, son todos factores a tener en cuenta.

Pensad también que, si el espacio a disposición no es demasiado, el mobiliario a utilizar tendrá que ser algo más pensado para la alta rotación de clientes, o sea para intentar obtener el mayor número de comensales posibles cada día: sillas sin apoyabrazos o igual silla alta tipo taburete, distribución lineal de mesas y sillas para aprovechar bien el espacio existente etc. Opciones con las que consigamos una distribución eficiente de los espacios y el mayor número de acomodaciones posible.

Proceso de elaboración de producto

La carta que preparemos tendrá que estar pensada y proyectada para facilitar un proceso de elaboración bastante rápido. La parada normal de nuestro viajero normalmente no será superior a una hora. En el caso de que podamos ofrecer una carta tipo snack, ya sea tipo Fastfood donde prevalece el finger, o algo más tipo bocadillos, o productos de ensamblaje (ensaladas compuestas o similares) la velocidad de servicio será más fácil de obtener.

Aquí no sería necesario el servicio en sala (solo para limpieza o ajustes de sala), ya que el cliente recoge su producto directamente en el mostrador, todo servido en bandeja o similar para que pueda tomar sitio libremente. Tendremos que predisponer en la sala zonas para ayudar al cliente a que pueda depositar la bandeja una vez haya terminado y poder tener así la sala más recogida de manera automática.

Otra posibilidad es la de servicio tipo buffet, con autoservicio por parte del cliente, donde podrá libremente componer su menú, y una vez haya seleccionado todos los productos, poder pagar libremente en la caja. En este tipo de modelo es aconsejable elaborar ciertos productos en ShowCooking (por ejemplo, carnes y pescados o pasta) para poder ofrecer un producto preparado al momento y de calidad a nuestro cliente.

En ambos modelos y para poder aumentar el gasto medio de

nuestros clientes son muy aconsejables las promociones tipo Combo, donde podemos vender varios productos en su conjunto a un precio más interesante que si los vendiéramos por separado.

Hoy en día grandes cadenas del Fastfood como McDonalds, Burger King o Starbucks están abriendo este tipo de locales en zonas de carretera, y no únicamente en zonas turísticas o urbanas de gran tránsito como habían hecho con anterioridad.

Régimen completo, todos los servicios ofertos

El horario de apertura de este tipo de locales es normalmente continuado, sin cierre, incluso abriendo en horario nocturno.

Elaborar cartas de desayuno, almuerzo, merienda, cena..., y productos que puedan ser vendidos en cualquier horario como bollería, algún tipo de dulce..., sería necesario en nuestra actividad.

Autogrill

Una de las empresas mejor planificadas para este tipo de concepto de restauración es Autogrill, en Italia.

Autogrill es una cadena de restaurantes con parte de venta de artículos tipo retail, presentes en 31 países, administrando alrededor de 4.000 puntos de venta.

Ofrecen todo tipo de producto para cada régimen, desde el desayuno a la cena, con productos tipo bollería dulce y salada, café y complementos, snacks, buffets…, con menú, combos y ofertas muy atractivos.

Además de la parte de restauración, tienen otra parte tipo supermercado donde el cliente puede comprar productos alimenticios de calidad (desde el vino, tipos de pasta, embutidos…) hasta otros productos tipo juguetes, complementos…

Pues bien, una cosa interesante que me llamó la atención fue que el cliente que entra en un autogrill está casi "obligado" a visualizar todos los productos existentes. Sigue un modelo de distribución de productos en el negocio similar a Ikea, donde se sigue pasillo tras pasillo con estanterías y exposiciones de producto en un único sentido. Así el cliente que entra, para salir tendrá que realizar todo el recorrido de la tienda y ver todos los productos.

Como precios, son normalmente precios muy competitivos, pero la gama de productos a vender es bastante amplia, así la gastronomía no es la única vía de ingresos.

Mercado urbano (local de ciudad)

Aquel bar o restaurante en zonas urbanas con un alto tránsito de clientes. En la operativa será muy similar al local de tipo turístico, pero en este punto introduciremos un importante concepto; el de la fidelización.

En este tipo de actividad es muy importante poder fidelizar el cliente, intentar mediante un buen servicio y producto que vuelva a visitarnos.

El tipo de actividad urbana de gastronomía puede ser muy variado; desde una cafetería, a un negocio tipo snacks (ya sea tradicional o étnico), algo tipo Fastfood, un restaurante Gourmet…

En todos ellos el cliente que tendremos podrá ser regular (intentaremos que repita visita y se convierta incluso en cliente fiel amigo de nuestra marca) o pasante (realiza una única visita).

El poder trabajar con un producto diferencial y distinto al de la competencia o elaborado de una manera más original, el contar con un ambiente distinto en el local ya sea por mobiliario, iluminación o decoración, tener un tipo de servicio que sea nuestra arma principal etc., etc.., son todos factores clave a considerar.

En este tipo de actividad se busca el efecto WOW (efecto sorpresa o de superación de expectativas por parte del cliente) de manera más acusada (no quiere decir que en los otros conceptos no lo busquemos).

En la restauración tipo urbana podremos trabajar productos como Combos para el desayuno, almuerzo o cena (por ejemplo: café, zumo y tostadas a un cierto precio), el Business Lunch para el almuerzo (menú de almuerzo pensado para el cliente en descanso del horario de trabajo), o el menú degustación para la cena.

Hoy en día, en la restauración actual se tiene más en cuenta que nunca los horarios existentes en medio de las principales comidas; el aperitivo o "picoteo" antes del almuerzo y de la cena, que además de crear un buen ambiente en nuestro local, nos puede dar una buena cifra de venta que ayude a nuestro resultado.

Para este punto es importante contar con una atractiva lista de vinos, una buena cerveza, cocktails…, y con buenos acompañantes (tapas, pintxos, fingers…).

3. LA COMPETENCIA Y EL BENCHMARKING: ¿PARA QUÉ SIRVE Y QUÉ ES?

Podemos tener una buena idea de negocio, ser hábiles en la elaboración del concepto que queremos implantar, tener muy claros los propósitos para nuestra nueva actividad…, pero aun así puede ser que no funcione. Uno de los motivos más importantes a tener en cuenta es el del análisis de nuestra competencia.

Imaginemos abrir un local de único producto, muy actual, saludable, fresco y de buena aceptación en el mercado como puede ser el Poké. Pensamos ser muy buenos en la elaboración de este producto, contamos con un buen personal, y montamos un bonito local ¿cuál puede ser entonces el problema? Puede ser que nos encontremos en un mercado altamente turístico, y en la misma zona existen ya dos locales similares al mío y no logremos percibir que se trata de un producto tipo "moda pasajera".

En estos casos, puede ser que se inicie una batalla de precios, pero claro…, yo soy el mejor con este producto, tengo el mejor local y ¡doy un óptimo servicio! Entonces, ¿por qué motivo no he ganado a la competencia?

Los motivos pueden ser varios: mayor capacidad financiera de la competencia que les ayude a soportar resultados negativos temporales y que en mi caso no haya calculado bien el período inicial en el que mayoritariamente toca pagar (no calcular el umbral de rentabilidad o break even Point), mejor acción de precios por parte de la competencia, mejor localización del negocio para poder captar clientes por encontrarse cerca de un punto con alta concentración de personas, mejor comunicación, pertenecer a una cadena que el cliente ya conoce con anterioridad y que promociona conjuntamente todos los puntos de venta, un cliente con alta sensibilidad al precio….

Pues bien, este es un caso verídico que pude comprobar este mismo verano del 2019 en Ibiza, en una misma calle, tres locales que ofrecían el mismo producto, dos locales con el Poké como único producto de venta. Uno de los tres no ha sobrevivido a esta lucha, y no es porque su producto no fuera el mejor. Simplemente los otros dos empezaron a operar antes en la zona, y eran más atractivos a nivel de precios y comercialmente.

Igual abriendo el local en una zona distinta, ofreciendo otro producto sustitutivo y no trabajar con uno en exclusiva y poder así diversificar más la oferta, trabajar con servicios tipo "Take Away" o bien simplemente realizando un análisis previo de la competencia con el cual podemos ser igual de atractivos a nivel comercial, por precio, promoción…

Normalmente, cuando vas a la playa, antes de meterte en el agua, la "tanteas" un poco…, metes primero un pie, miras si hay algún tipo de piedra o roca antes de tirarte, miras un poco más hacia adelante para ver la profundidad. Cuando estás seguro, ¡chapuzón! ¿por qué no se hace lo mismo cuando vamos a iniciar nuestra actividad?

Basta con ver lo que nos rodea,
¿Cuántos negocios existen en mi zona?
¿A qué se dedican?
¿Qué tipo de producto y servicio ofrecen?
¿Cuáles son sus precios?
¿Y sus medios de promoción?
¿Cuánto llevan operando en el mercado?

Varias son las preguntas que nos podemos hacer respecto a la competencia, de las cuales podemos sacar conclusiones varias y poder decidir mejor que estrategia seguir.

Pensemos que el análisis de la competencia es uno de los puntos más importantes a la hora de realizar la planificación inicial de nuestra actividad.

Otro punto a tener en cuenta es el del benchmarking.

Benchmarking

Se podría definir de muchas maneras, a mí personalmente me gusta decir que es "Aprender de los mejores". A no ser que hayas tenido la idea del siglo, algo muy novedoso y que nadie lo haya pensado antes, alguien anteriormente habrá hecho algo similar a tu idea. Es positivo encontrar las mejores referencias de nuestro modelo de negocio, estudiarlos, aprender de lo que hacen bien, y sobre todo entender como hacen para vender el producto. Viajar ayuda mucho a "recoger" el mayor número de ideas, inputs..., que nos ayuden a elaborar nuestro concepto.

Pongamos que queremos montar una cafetería que ofrezca desayunos, almuerzos tipo snacks, meriendas y aperitivos. Miremos quién hace ya algo similar. Locales de este tipo se ven por ejemplo en Italia, sobre todo en la "capital" del aperitivo; Milano. Londres, Paris, Berlín, Madrid, Barcelona..., son todos mercados donde poder encontrar una gran inspiración para tu restaurante.

Cómo trabajan el ambiente del local, la iluminación, que tipo de mobiliario utilizan, cómo se organiza el servicio etc. Miremos cadenas de restauración importantes que hacen del proceso la excelencia. Podrán ser más o menos criticadas, o su producto gustará más o menos, pero marcas tipo Starbucks hicieron de su modelo de negocio un auténtico éxito a nivel mundial.

El cliente y el modelo de negocio. El objetivo de ser únicos: "La búsqueda del nicho de mercado"
Durante mi etapa universitaria, cuando estudiábamos "estrategia comercial" existía un concepto que me fascinaba; el nicho de mercado.

Te lo explicaban como aquella parte de mercado en la que podemos encontrar una zona de exclusividad, ser diferenciales en nuestro producto, tener el trozo de tarta que ningún otro competidor tiene. Parece fácil e ideal, ¿verdad? Para conseguir posicionar nuestro producto en un nicho de mercado en concreto, tendremos que ganárnoslo.

Hoy en día podemos pensar que todos los mercados están colapsados, pero igual esto también lo pensaron en épocas pasadas de gran desarrollo económico. Siempre existe una cuota de mercado dispuesta a cambiar su costumbre, probar algo nuevo, algo revolucionario y distinto. ¡Ahí tenemos que ir!

Para encontrar nuestro "nicho" tendremos que conocer bien nuestro mercado, a través de un análisis previo de la competencia, hacernos todas las preguntas anteriormente formuladas, y encontrar la respuesta diferencial que ninguno dio.

En función del mercado, a veces esta cuota o nicho, puede ser lo bastante amplia como para satisfacer nuestras premisas económicas y sobre todo para fortalecer un modelo de negocio único que nos haga llevar la delantera a los demás.

Capítulo 2:
El producto

1. COSTUMBRES ALIMENTARIAS DE HOY

Cuando comienzas algún curso de venta o similar, a menudo te relatan el mismo ejemplo:

"El vendedor de automóviles tiene que saber de coches, tiene que conocer bien el producto que vende y saber dar respuesta a todas las dudas del cliente..." ¿Se debe aplicar este ejemplo a la gastronomía?

Vivimos en una era de alta diversidad en lo que se refiere a gustos y tendencias en la gastronomía. Cocinas que van desde las recetas estrictamente veganas hasta un Grill House dónde la carne es la estrella del menú. La gastronomía es un tema dónde todos opinan (y con razón), un tema en el que todos y cada uno de nuestros potenciales clientes, en mayor o menor medida, son conocedores del producto, y por todos estos motivos, lo mínimo que podemos hacer es demostrar respeto.

El gastrónomo tiene una gran responsabilidad, la primaria de nutrir personas, crear un producto que irá directamente al organismo de nuestros clientes. Es importante dedicarse a hacer lo que uno mejor sabe hacer, y si tu objetivo es únicamente empresarial y no tienes conocimiento de cocina..., contrata a quién sepa hacerlo.

¿Os imagináis que un cliente alérgico o intolerante a un cierto ingrediente avisa al servicio de su alergia o intolerancia, y que por distintos motivos al cliente le llega el plato con ese elemento que le puede hacer daño en su organismo? Podéis haceros ya una idea de cuánto meticuloso hay que ser en la elaboración de un plato.

Pero no tengáis miedo, por suerte, en el mundo de la gastronomía existen grandes profesionales, ya sean formadores o colaboradores, incluso nuestros proveedores (me gusta llamarlos partners) nos darán soluciones para eliminar este tipo de situaciones.

Al final existen múltiples tipos de cocina, tipos de productos y tipos de cartas a ofrecer…, la cosa importante es hacer aquello en lo que nos sintamos seguros y seamos buenos y únicos.

2. TIPOS DE PRODUCTOS/SERVICIOS ACTUALES

El desayuno

En algunos puntos de venta (por ejemplo, cafeterías de ciudad) puede llegar a ser el "core business" o negocio principal de nuestra actividad. Hoy en día, un gran número de personas realiza el desayuno fuera de casa, y quién lo realiza en casa, puede llegar a desayunar por segunda vez o tomar el café fuera de casa.

En este tipo de servicio, la calidad del producto está claro que es importante (una buena tostada, un buen croissant, una buena brioche, un buen dulce, un buen café…), pero la parte interesante desde la gestión es la de lograr ser eficientes en el servicio y proceso. Normalmente los productos que se venden durante el desayuno son de precios relativamente bajos respecto a los otros servicios, con un muy buen margen en porcentaje y de preparación y servicio muy rápido.

Pensemos en el café. Normalmente un café tipo espresso contiene una dosis de unos 7 gramos u 8 como máximo, pero se llega a utilizar incluso hasta 15 gramos dependiendo del tipo de café y mercado. Si compramos por ejemplo el kilo de café a € 10.-, y un kilo contiene 1.000 gramos, de un kilo de café obtendremos unos 142 cafés tipo espresso, lo que nos dá un Beverage Cost de 7 a 15 céntimos por café (con el supuesto precio de compra de € 10.- el kilo).

A este coste tendremos que añadir la merma del café de un 10% aproximado, más el coste del barman que lo prepara (en función del volumen de compra, nuestro proveedor te podría facilitar las tazas y servicio del café).

Total, supongamos que por ejemplo nos cuesta el café unos 20 o 25 céntimos de euro finales. Lo vendemos a €1 o € 1.50…, lo que nos da un margen de € 0.75 o € 1.25, o sea un margen del 75% al 85%, un margen alto en porcentaje, pero no así tanto en global monetario.

Pues bien, el secreto del desayuno (a nivel de rentabilidad) puede estar en la estandarización del servicio. Igual productos "ready to serve" (no necesitan proceso de elaboración, son confeccionados previamente para que puedan venderse a pieza tal y como se adquirió) tales como brioche, croissant, pastelería, bocadillo que el propio camarero pueda preparar, bebidas rápidas en el servicio como cafés, tés o infusiones…, y si necesitáramos incluir cocina es porque vemos que realmente tendremos una alta posibilidad de venta o bien porque el adepto a la cocina ayudará a reponer todo el producto expuesto en el bar (trabajo de bollería en horno, preparación de bocadillos…).

Procesos del servicio

Recuerdo una vez en una de mis visitas a Milano, durante el período en el que estaba estudiando para obtener el certificado de "Coffee Máster" la efectividad y organización durante el servicio del staff de un bar en la zona de la Estación Central.

El bar estaba compuesto por una barra y únicamente mesas altas sin sillas, dos vitrinas con cornetos, brioches y otros tipos de bollería, dos cajas registradoras y dos máquinas de café de brazos con 3 grupos cada una.

En cada máquina de café, una persona preparaba y producía todos los cafés solicitados, las dos personas en la caja pasaban las comandas a los 3 coffee barmans, y al mismo tiempo cobraban y daban al cliente la bollería y el café. Tenían una sexta persona en cocina que retiraba el sucio, lavaba vajilla y reponía bollería.

Por curiosidad me puse a contar cuántos cafés preparaban al minuto en una de las cafeteras…, llegué a contar unos 12 cafés al minuto (contemos 10 porque de vez en cuando les pedían un capuccino o caffé latte…) a € 1.50 el café, por 3 máquinas (total de 30 cafés al minuto), y unas 2 horas de servicio intenso…, me daba un total de más de 3.000 cafés durante la mañana, si a esto le sumabas la venta en bollería (supongamos un ticket medio en bollería por cliente de €1.-), seguramente la caja superaba los € 5.000 diarios.

Si el sueldo medio de un barman podría ser igual de unos € 100 o € 120 diarios contando con el total pagado de impuestos por un total de 6 personas (supongamos €600 de gasto de personal diario), el Beverage cost de un 15% y el food cost de la bollería de un 20% (o sea € 1.750 sobre nuestros supuestos € 5.000 de ingresos), todo esto nos daría unos € 2.650 de beneficio antes de impuestos, o sea (suponiendo que abriera todos los días) unos casi € 80.000 mensuales. A los que tendríamos que restar al final de cada mes los impuestos, amortización de inmovilizado, luz, agua, eventual alquiler y otros gastos.

Está claro que éste es un ejemplo extremo de eficiencia, de localización, pero si alguien lo consiguió, ¿por qué tú no?

El brunch

El término Brunch se inició en los Estados Unidos, alrededor de los años 80 como tradición de los domingos, y es un cruce entre las palabras "Breakfast y Lunch". Se trata de una comida consistente compuesta por todos los productos de un desayuno completo, además de la inclusión de ensaladas y entrantes fríos de varios tipos, alguna entrada caliente y salados. Se puede incluso incluir algún primero.

Hoy en día existen varios locales que lo ofrecen, sobre todo hoteles de ciudad, llegando a ser muy popular en ciudades como por ejemplo Madrid.

En este tipo de servicios contamos con la ventaja de que, siendo autoservicio, el personal requerido será menor (bastaría con el servicio de bebidas, el servicio de cocina y un bufetero, o persona que repone los artículos de comida en exposición). Por el contrario, tendremos que estar atentos al Food Cost final, ya que en el caso de que no tengamos un volumen mínimo de clientes, tendremos un problema de alta merma.

En este tipo de servicios, la figura del bufetero es primordial, ya que además de trabajar la estética y presentación del buffet y recoger feedback de nuestros clientes, es quién coordinará con cocina las cantidades a preparar, retirar o reponer en el caso que sea necesario.

El aperitivo

(El picoteo y la copita antes de almuerzo y cena: el aperitivo)

Para que nuestra cuenta de explotación del mes quede bien "bonita", tendremos que luchar y bastante, sobre todo al inicio para intentar evitar los llamados "tiempos muertos", es decir, aquellos períodos en los que no recibimos un gran número de clientes y no somos eficientes o productivos, sobre todo a nivel monetario.

Normalmente se dice: *"los tiempos muertos nos vienen bien, ya que aprovechamos para hacer otras tareas administrativas y de gestión que no logramos hacer en otros momentos"*. Ok, no está mal, pero personalmente opino que estos tiempos muertos nunca lo tendríamos que ver como algo positivo y conformarnos con ellos, tenemos que intentar rellenar estos huecos con ofertas o servicios para hacer que cada hora de apertura de nuestro negocio sea efectiva, caso contrario conviene a veces el cierre durante ese horario y entonces concentrarse efectivamente en esas otras tareas administrativas o de gestión.

Siguiendo con este argumento y uniéndolo a una tendencia actual que nos habla de un mayor número de comidas a lo largo del día, podemos pensar en los aperitivos como como complemento.

Muchas dietas nos hablan de no concentrar un gran número de calorías en una sola comida, y nos aconsejan a dividirlas en un mayor número de veces durante la jornada. Todo esto, unido a que actualmente los puntos gastronómicos son puntos importantes de ocio en los que organizar encuentros o reuniones, hace que contar con un producto de aperitivo sea una buena oportunidad de negocio.

En países próximos al Ecuador y con días más largos y cálidos, la costumbre gastronómica se está adaptando a un total de hasta 6 comidas: desayuno, aperitivo matutino, almuerzo, merienda, aperitivo nocturno y cena.

Durante el aperitivo matutino o nocturno podremos ofrecer algún tipo de cerveza ligera o vino (ya sea tranquilo o espumoso), o igual algún vino especial (un buen Jerez por ejemplo…). Como comida algo rápido, pequeño, tipo FingerFood y de uno o dos bocados máximo. Pinchos, tapas, bruschettas, tartinas, algún embutido, queso…, todos estos productos podrían funcionar genialmente.

Dos puntos serían importantes a considerar:
- El producto del pincho, tapita o aperitivo a buffet, si fuera autoservicio mejor (o cómo máximo ofrecer una degustación en tabla o plato al consumir la bebida). Esto nos permitirá ser más eficientes con el personal y concentrarnos en el verdadero negocio del aperitivo: la venta de bebidas

- Fidelizar y atraer al cliente para que no sólo esté con nosotros por este aperitivo, sino que podamos vender también el almuerzo o la cena, donde conseguiremos un mayor margen en términos cuantitativos.

En algunos mercados, como por ejemplo España o Italia, esta cultura está muy extendida, existiendo locales en exclusiva para este tipo de producto. Las taperías o locales de pinchos en España, con esa gran cantidad de pequeñas degustaciones encima de la barra a un precio económico, o locales de aperitivos por el norte de Italia, dónde consumiendo la copa de Prosecco o un buen cocktail, nos conceden el derecho a degustar un increíble buffet de aperitivos (excepcional por ejemplo en Milano o Génova).

El margen de beneficio sobre el Food (el pincho, la tapa o la degustación de aperitivo) es bajo o a veces incluso nulo a no ser que hablemos de un local que se dedique en exclusiva a este tipo de servicio tales como taperías o local de pinchos. A veces la comida se ofrece una vez adquirimos la bebida. El verdadero margen lo conseguiremos con la venta de la bebida y de igual una posterior cena o almuerzo.

El almuerzo

Dentro de lo que es el almuerzo, podemos destacar 3 tipos de servicio por encima del resto:

- Con menú tipo á la carte
- Menú del día
- Snack

Menú tipo "á la carte"

Cuando trabajamos con un menú tipo carta y hablamos de un restaurante tipo Gourmet, y nos toca seleccionar una cantidad o número de platos a ofrecer, todo dependerá del tipo cocina que tengamos, del personal (calidad y cantidad), del nivel y precio de nuestros productos…

Lo que sí está claro es que normalmente para los almuerzos la carta se suele restringir algo más (a no ser que se trate de un restaurante que trabaje mejor los almuerzos respecto a las cenas). Como standard ideal o media muy general de número de platos, en un Gourmet de cierto nivel, no se suelen sobrepasar los 25 o 30 platos (postres incluidos).

Recordemos que normalmente y salvo excepciones, a mayor nivel de calidad de nuestra cocina, menor será el margen de beneficio, ya que necesitamos mayor número de personas para realizar el servicio correcto, mayor especialización de plantilla (o sea mayor sueldo), y el coste de nuestros ingredientes será mayor al ser frescos y de calidad superior, tendremos un stock bastante alto en bebidas (vinos)…

Tendremos que ser muy eficientes en la elaboración de nuestro menú á la carte. Apto para restaurante en zonas muy transitadas, cerca de centros de negocios etc.

Menú del día
Normalmente complementario a otro menú "á la carte" o menú tipo snack.

Suele constar de 1 o 2 platos más el postre. A veces puede incluir el agua, el café o el pan.

Normalmente tienen un precio más económico en el conjunto de la suma de los productos individuales y el objetivo es lograr un alto número de comensales además de una rentabilidad extra.

Conviene siempre calcular el escandallo de cada menú, así como calcular el break-even point (umbral de rentabilidad), o número mínimo de menús que necesitamos vender para que el beneficio en ese momento sea cero…, pero esto lo veremos más adelante.

Este tipo de servicio es ideal en zonas de acumulación de empresas y oficinas, zonas de polígonos, zonas turísticas con alta aglomeración de competencia de otros locales (sobre todo en baja temporada), cantinas de locales o empresas con alto número de trabajadores….

Menú Snack rápido
Productos de elaboración más sencilla y rápida. Ideal para zonas con alta acumulación de personas que buscan un producto de

menor precio, rápido para comer y sencillo.

Migros degustibus

Durante mi experiencia en Suiza, tuve la suerte de colaborar como Food & Beverage Manager con la Cooperativa Migros.

Migros es el grupo retail (Cooperativa de clientes) más grande de Suiza, un verdadero ejemplo de estudio, y una empresa maravillosa con políticas muy positivas para sus trabajadores. Contaba con supermercados, gasolineras, escuelas, gimnasio, restaurantes y bares, entre otras unidades de negocio.

En el sur de Suiza (Ticino) gestionábamos una empresa de Catering y eventos (Party Service), un total de 4 restaurantes a buffet con una media de 300 a 700 clientes en cada servicio de almuerzo, y unos 9 locales con menú tipo Snack rápido y Take Away.

Ofrecíamos bocadillos, ensaladas ya preparadas, pizza al corte y entera, pastelería…, nuestros clientes encontraban un producto fresco, bueno, a buen precio, y listo al momento.

Desde una pequeña cocina se preparaba todo el producto en el horario de mañana, se exponían en las distintas vitrinas, y se calentaba con sandwicheras y otros elementos que teníamos disponibles en los mostradores. El mismo cajero o colaborador de venta podía preparar todos los productos al 100%. Algo parecido a un servicio tipo Kiosko.

La cena

En la cena, y para no repetir los criterios ya explicados durante el almuerzo, además del menú "á la carte", hablaremos del menú degustación.

Menú degustación

Es una representación de la entera carta (o la parte más representativa) en un cierto número de platos y a un precio cerrado. Podemos hablar desde uno o dos platos más el postre, hasta un total de 8 o 9 recetas o incluso a veces más.

Por ejemplo, en el famosísimo restaurante con tres estrellas Michelin del genio Ferrán Adriá, se servía un menú degustación de 30 recetas con 70 elaboraciones, ¡una auténtica experiencia!

En función del nivel del nivel de producto y servicio y de la idea del Chef de cocina se decidirá un número u otro, eso sí, no se tratan de platos con cantidades como las de una receta de una carta normal, al ser degustaciones, el tamaño será menor (por ejemplo, arroces de 40 o 60 gramos), aunque la presentación del plato sea parecida a los de nuestra carta.

El menú degustación puede llegar a ser la estrella del restaurante, con el mayor volumen de venta sobre el total, e incluso ser único en la oferta, es decir, que se ofrezca únicamente menú degustación y no menú "á la carte"

Schuhbecks am Platz

Corría el año 2004 y trabajaba como Chef de Rang del famoso restaurante del Chef Alfons Schuhbecks, restaurante con una estrella Michelin en Munich (Alemania).

El menú degustación que ofrecíamos era de 9 platos. Con un saludo inicial de cocina, estaba compuesto por 2 entrantes, 2 primeros, sopa, pescado, carne, quesos y postre. Nuestra sommelier ofrecía vinos diferentes en maridaje con cada uno de los platos.

Capítulo 3:
Los diferentes tipos de actividades

1. BARES Y FAST FOOD

Bar y similares

Según el tipo de servicio y de producto, podemos hablar de snack bar, sandwicherías, yogurterías, pastelería, heladerías, tapería, pubs, birrerías, cafeterías, enotecas, wine bar….

Tienen en común el tipo de servicio, con un punto de partida como un bar o mostrador, y con un eventual posterior servicio a la sala.

Un concepto muy actual es el de restauración combinada, en el que en un mismo local se coordina la venta del producto puramente gastronómico, con otro punto de venta totalmente distinto (peluquería, librería, venta de vehículos o motos, boutique de ropa…).

Deus Ex Machina

Un bonito ejemplo de este mix de conceptos es el Deus Ex Machina, concepto nacido en Australia y con locales en ciudades tan emblemáticas como Sydney, Milán, Ibiza, Amsterdam o Zurich. Locales que además de los servicios de bar y restaurante, ofrecen y venden accesorios, moda, ropa, cascos de moto o bicicletas. Todos con un denominador común: motos, bicicletas, surf y café. Un muy buen negocio para visitar.

Normalmente estas combinaciones de conceptos suelen ser un tipo de restauración rápida en servicio, con oferta de productos previamente elaborados o de elaboración de ensamblaje, utilizando productos de alta calidad. La ambientación del local suele ser temática en función del concepto inicial, y el consumo del producto o plato puede ser tipo seating (sentado) o standing (en pie).

Salvo excepciones como un local de conducción familiar o locales altos en especialización y servicio (por ejemplo, un cocktail bar o una enoteca), el personal suele tener menor especialización (como norma general), un servicio muy marcado por el proceso estandarizado, en el que se vuelve casi sistemático. La planificación de procesos y procedimientos se convierte en un punto clave en este tipo de negocios.

Enotecas, Wine bar, Cocktail bar

Las enotecas, los Wine Bar o los Cocktail bar son locales más especializados, en los que se ofrecen una buena variedad de bebidas en copa. Productos para degustar que no se suelen encontrar en otro tipo de locales. El servicio necesita tener una alta especialización en el producto, ya que normalmente el cliente que frecuenta este tipo de locales los conoce bien y espera un servicio profesional. En lo que se refiere a comida, suelen ofrecer algún tipo de tapa o plato (carta mucho más limitada) en maridaje con las bebidas ofrecidas, pero más bien algo de preparación muy rápida (algún embutido o queso, alguna bruschetta, fingerfood...) o algún tipo de buffet generalmente compuesto por preparaciones frías, ensaladas, dulces y salados. El ambiente y servicio de este tipo de locales suele estar muy cuidado.

En los snacks bar o en Fast Foods de procesos la estructura de costes suele ser menor que en un local especializado o restaurante gourmet, al menos por la parte de los variables; salario base más bajo, menor coste del producto, menor inversión en stock inventario.

Por el contrario, los costes fijos o los de inversión pueden ser mayores (ejemplo de tematizar nuestro local con una decoración y elementos de alto coste). El objetivo en bares es de conseguir un alto rendimiento, consiguiendo una estructura sólida y contenida de costes variables (personal, mercancías, suministros…), con productos que tengan un proceso de elaboración bastante sencillo y veloz, y con una alta venta en términos de cantidad, es decir, una alta rotación de clientes.

Concepto Qiub Ibiza

Qiub es un concepto de Snack bar existente en los hoteles The New Algarb y en el Jabeque Soul & Dreams de Ibiza, bares con un alto rendimiento.

Constan de una completa carta con varios entrantes y ensaladas, sándwiches & burgers, fingers, pizzas y postres, además de todo tipo de bebidas y cocktails. Todos los productos estandarizados y escandallados como para el resto de la compañía (para poder así también negociar mejor precio de compra al tener mayor volumen), y en el que, gracias a esta homogeneización del mismo, el objetivo es el que cada uno de nuestros productos siga unos estándares de calidad iguales en todos los puntos de venta.

El servicio sigue también unos procesos y procedimientos previamente comunicados al staff a través de formación y training, en el que trabajamos toda la parte "pre-inicial" del servicio (mise un place, montaje, apertura, procedimientos de caja), servicio operativo (atención al cliente, respuesta en caso de queja o sugerencia, efectivos en función del número de clientes...) y "post" servicio (cierre, cajas, limpieza, control del personal, preparación para el día siguiente).

Fast food

El "Fast food" o comida rápida es un concepto que nace en los Estados Unidos durante los años 50. En los años 70 la fórmula Fast Food se introduce en mercados como el británico y más lentamente en otros como en el español, el italiano o el francés.

El Fast Food viene normalmente identificado con productos como el Hamburger, la pizza, el pollo frito o alguna especialidad étnica, aunque obviamente podemos hablar también de restauración tipo Gourmet con estos productos.

Los Fast Food son estructurados y proyectados con una organización fuertemente procesada y estandarizada, con una operatividad que sigue fuertemente algún tipo de procedimiento, y los márgenes de venta y rendimientos suelen ser bastantes altos. Una selección limitada de productos, normalmente congelados y precocinados de calidad controlada.

Normalmente el colaborador tipo es más joven y con menos necesidad de especialización. Suele cumplir diversas tareas desde la cocina, hasta el servicio, pasando por la limpieza del local. Un personal completo, en el que cada miembro debe conocer perfectamente la operativa de todos los departamentos del negocio.

El tipo de cliente suele ser muy variado, ya que un punto común en los Fast Food, salvo excepciones, suele ser el de tener un precio de venta bastante económico en comparación con otros tipos de servicios de gastronomía.

La estandarización del producto suele ser altísima (por ejemplo, el Big Mac de McDonalds es idéntico en Tokio o en Madrid, Londres o Milano, y el proceso de elaboración es prácticamente el mismo).

La velocidad del servicio y la disponibilidad inmediata del producto son sus señales de garantía. Aunque alguno de ellos practique el servicio en mesa, normalmente son de servicio en mostrador, donde se le prepara el menú completo al cliente, para que éste lo pueda llevar a la mesa por si solo.

En estos locales rige el principio de organización por reglas, en el menú ofertado, el producto y la cantidad utilizada del mismo suelen estar rígidamente controlados. Tienen unas líneas de trabajo bien definidas, con una merma de producto especialmente baja gracias a los standards aplicados.

2. RESTAURANTE TIPO GOURMET

Hablemos del ideal de restaurante elegante, con un servicio muy profesional; chef de rang, commis de rang, sommelier, runner. Un conocido Chef a los fogones, cocinas espectaculares equipadas con lo último en tecnología, una carta de vinos con más de 300 etiquetas…

Suena bien, ¿verdad? Pues no todos estos tipos de restaurante necesitan esta estructura. Podría hablar de un restaurante con servicio con plato a la mesa, o directamente servicio y elaboración del producto en mesa, con un servicio estructurado, una carta de unos 20 a 30 recetas, una carta de vinos que representen un buen maridaje a nuestros platos. Todo coordinado en manera distinta a nivel de personal.

Para este tipo de restauración, como ya he comentado previamente necesitaremos un servicio con mayor especialización, y productos frescos de calidad y de coste obviamente mayor. O sea, que aunque el precio de venta sea mayor, al no poder dar un número de cubiertos muy elevado ya que debemos mantener unos estándares de servicio, el margen consecuentemente será normalmente menor que en un Snack bar o en un fast food. Existen excepciones, pero aquí hablamos de la gran mayoría.

Existen incluso modelos de alta restauración (algunos restaurantes de grandes Chefs conocidos) que pueden incluso presentar pérdidas económicas. Imaginemos algunos de estos restaurantes con varias estrellas Michelin y de unos 50 cubiertos.

A veces en su staff cuentan con más de 30 cocineros y auxiliares (aunque al contrario de lo que pensemos los sueldos no son tan altos ya que quien trabaja en este tipo de cocinas busca aprender de los grandes maestros y no enriquecerse), un Chef de rang por cada 10 clientes, cada Chef de Rang con uno o dos commis, 3 runners de servicio, sommelier…, todo esto por ejemplo con un ticket medio de €150, ¿os cuadran las cuentas? Difícil.

En estos modelos a veces el Chef no busca exclusivamente el beneficio económico en su propio restaurante, a veces busca la fama y el reconocimiento para así obtener el rédito en otras fuentes tales como publicidad, eventos, libros, televisión, cesión de su imagen para otras marcas….

La inversión en estos locales suele ser también bastante alta, a veces más que en el local en equipo o máquinas (normalmente decorado con los mejores materiales posibles). Mobiliario y material de servicio de primera calidad, equipos de cocina de última generación, cocinas que parecen en parte laboratorios, auténticos lugares de creación. La inversión en la cantina de vinos suele ser también importante.

Otro modelo de alto reconocimiento y con un gran número de clientes hoy en día es el de los agroturismos, actividades enogastronómicas y de "hospitality" ofrecida por productores agrícolas, con una oferta de productos en su mayoría elaborados por el mismo productor, o al menos locales, también conocidos como "kilómetro cero".

Además del producto ofertado en la cantina o en el restaurante del mismo agroturismo, suelen ofrecer productos para su venta externa, pero sobre todo, dar a conocerlo entre sus clientes con el objetivo de conseguir relaciones comerciales futuras.

Los restaurantes étnicos son otro modelo ya consolidado en el mundo gastronómico actual, sobre todo en grandes ciudades o puntos turísticos importantes. Un restaurante étnico de una cultura específica ofrece no sólo la gastronomía de ese país o ciudad en concreto, también a través del servicio nos hacen ver sus tradiciones. En el caso de que nos ofrezcan dos tipos de cocinas étnicas, hablamos de un restaurante tipo "Fusion".

Los modelos más extendidos en Europa pasan desde las cocinas étnicas asiáticas (japonesa, china, tailandesa, vietnamita, india…), a aquellas de origen marroquí, libanesa, brasileña, mexicana, peruana, argentina. En fin, cada país con su cultura culinaria.

Darnos a conocer

Página web

Elemento básico a la hora de iniciar nuestra actividad. Hoy en día prácticamente, uno de cada dos clientes visualiza la página web de un restaurante antes de reservar mesa en el mismo. Es la entrada digital a tu negocio, y de no estar preparados, el cliente podría tener un primer impacto negativo que en la mayoría de los casos podría llevar a que ni siquiera viniera a visitarnos.

Es importante que en nuestra website aparezcan datos tales como el horario de apertura, la dirección de nuestro restaurante (con enlace directo a Google Maps), contacto (telefónico y email) y si posible el que se puedan realizar reservas online, ya que puede hacer ver al cliente la disponibilidad inmediata.

Igual tener un vínculo directo a nuestra página en TripAdvisor puede llegar a ser un potencial para aumentar nuestros comentarios por parte de clientes en la misma, o bien para que puedan visualizar opiniones de nuestros clientes sobre nuestros restaurantes. Idem para las reseñas de Google.

Incluye iconos de aquellas redes sociales con las que trabajas y eres activo. En este tipo de redes es importante gestionar los comentarios de los clientes, no sólo esperar a la reseña positiva, la parte más estratégica es saber gestionar las otras más negativas, y hacer ver al cliente o quién la lea de que igual ese hecho se trató de algo puntual o bien de que aceptamos y mejoramos con la ayuda del cliente.

Menú y fotos de nuestros mejores platos son la mejor tarjeta de visita. Hablar en la introducción de la página de la experiencia que se puede vivir en tu restaurante, que concepto sigue, y el por qué tienen que ir a visitarte.

Poder conseguir un buen "database" de tus clientes para poder después contactarlos a través de Newsletter u otro medio, también es importante. Esto te servirá después para poder invitarlos a eventos, ofrecerles descuentos, informarles sobre nuevos productos u otras acciones.

Que tu página sea "responsive" o que se adapte a la perfección sea cual sea el dispositivo desde el que se consulte (Smartphone, ordenador…). Y también lograr que sea rápida. Te conviene seleccionar bien videos y fotos y poder ajustarlos para que el tiempo de carga sea lo menor posible.

Luca Monfrecola, web designer

"Puedes ser el mejor de todos, pero si no lo comunicas nunca se sabrá"

Luca Monfrecola es un experto en Marketing y Comunicación, especializado en Web design y Marketing Digital. Tiene más de diez años de experiencia en el sector. Comienza muy pronto como informático de hardware / software y entiende desde una edad temprana que la tecnología de la información será la herramienta esencial del futuro, con la que poder comunicarse y transmitir mensajes de forma rápida y efectiva, sin límites. El cambio decisivo por el cual se lanza a encarar su futuro profesional viene dado por el impacto de Internet en los negocios, inmediatamente advierte el potencial del mismo, y decide formarse para poder dar respuesta a este punto.

Crea varias páginas web oficiales: Swiss National Casinos (un portal dedicado a la ciudad de Lugano y sus eventos), compañía de taxis del Ticino, bufete de abogados en Milán, página oficial de "8e20" y varios otros proyectos, así como mi página web oficial www.jct360.eu

Fundó BetLeague.eu, una start-up gratuita de fútbol basada en desafíos entre los apostantes.

Todas las páginas webs se construyen siguiendo una serie de técnicas esenciales que deben tenerse en cuenta, tales como:

- *velocidad de carga*
- *adaptación automática, de acuerdo con el dispositivo utilizado por el visitante (que sea responsive) ya sea Smartphone, Tablet, ordenador…,*
- *código de programación "limpio" y centrado en atraer "spiders" de Google*
- *imágenes y fotos profesionales (y emocionales)*
- *prohibir la palabra "negativo-negación-peligroso"*

Todo esto diseñado para lograr el objetivo principal: aumentar la visualización e impacto en internet de nuestra empresa, a través de la venta, y / o aumentar su propia base de datos de contactos a través de formularios específicos donde el usuario tendrá que ingresar sus contactos (correo electrónico, teléfono, etc.), También es útil para configurar y expandir cualquier empresa de CRM (Customer Relationship Management)

Como un día me contaba Luca, imaginemos que tienes para vender dos cestas de manzanas idénticas entre ellas. En la primera canasta, se puede leer "1 manzana = 1 €", en la segunda canasta vemos "manzana roja, seleccionada entre las mejores, saludables, sabrosas y genuinas = 1 €", ¿cuál comprarías? El mensaje es distinto, aunque si son dos manzanas idénticas. Esto se llama "valor percibido", y es tan importante como el valor real.

Si eres bueno en algo, pero nadie lo percibe, a veces es como si no lo fueras, ya que no sabes cómo comunicarlo; acabas de darte cuentas de que tienes un problema en tu empresa por resolver".

Redes sociales

Esta sería una variable muy importante. Hay que ser muy activo en las redes. Hay que saber promocionar y publicar todas aquellas opiniones positivas que tengan sobre nosotros, pero sobre todo gestionar aquellas negativas.

Recuerda que un cliente con recuerdo positivo de su visita a tu restaurante igual puede volver o hablar bien de tu punto de venta y traer nuevos clientes en un futuro próximo, pero un cliente que haya tenido una experiencia negativa, seguramente hablará y la comunicará, y el impacto puede ser mucho mayor.

Por eso es muy muy importante gestionar bien este tipo de clientes, tratando de entender que no salió bien, porqué motivo no tuvo la experiencia deseada, ver en que podemos mejorar, entender si este cliente es recuperable o poder ofrecerle una solución.

En redes como TripAdvisor, una recensión negativa de una estrella tiene mayor impacto en la clasificación final y en la percepción del cliente que una de cinco estrellas. Normalmente el cliente que nos busca por redes sociales o páginas internet suele leer primero lo negativo antes que lo positivo.

Seahorse Ibiza

Entre finales del año 2018 y principios del 2019 nos lanzamos a la creación del restaurante Seahorse, en Playa den Bossa (Ibiza).

Como compañía, Grupo Playasol nunca puso en marcha un restaurante tipo Gourmet, existían varios Snack Bar, pero no uno de este tipo. En una zona inutilizada decidimos aprovechar la buena cocina existente para poder crear una nueva zona de venta.

La cocina podía perfectamente abastecer los dos puntos, un Snack bar con un potencial de 400 o 500 comensales diarios y un restaurante tipo Gourmet.

Adaptamos la maquinaria de cocina para este tipo de producto y elaboramos una nueva carta de estilo mediterráneo con una elaboración y proceso distinto a todo lo creado con anterioridad, utilizando ingredientes frescos y algunos productos kilómetro cero.

Seahorse es un restaurante Gourmet de unos 50 cubiertos, con cocina mediterránea, situado en Playa den Bossa, Ibiza

3. EL MODELO SELF – SERVICE

Normalmente está modelo está conformado por una estructura formada por una o varias islas y por un o varios corredores tipo barra, con un recorrido a lo largo de la misma donde se exponen los productos del menú, desde entrantes hasta postres, snacks, bebidas.

La zona de pago se encuentra al final de la zona de exposición y antes de entrar en la sala, donde se verifica y paga la cuenta en función del producto seleccionado. A veces (y más cada día) existe el modelo tipo "free flow" con un flujo libre en el que este recorrido para poder seleccionar los productos está distribuido en distintas islas.

El producto o receta puede ser pagado a precio único por plato ya elaborado, al peso o bien con plato vacío que el cliente puede colmar con el producto ofrecido.

Los tiempos de espera son muy reducidos ya que el producto está elaborado o en su última fase de proceso. A veces se pueden ver incluso fórmulas tipo "show cooking" en las que un cocinero situado en una zona de elaboración situada en uno de los puntos de este recorrido ofrece un producto cocinado al momento. Este show cooking normalmente es utilizado para carnes o pescados, pastas o algún tipo de cocina étnica.

La oferta de menú suele estar conformada por productos que siguen cada estación, con propuestas dietéticas equilibradas y por una calidad constante del producto.

Restaurante Migros en Grancia

Hemos visto en este capítulo algunos de los modelos de

restauración más conocidos y sus principales particularidades. Ahora viene lo más difícil ¿Qué hacemos? ¿Qué tipo de actividad abrir? ¡El único que tendrá la respuesta será TÚ mismo!

Capítulo 4:

Estrategia de coste y diferenciación

Recuerdo durante mi época de alumno cursando un MBA, cruzarme con un gran profesor que al final se convirtió en un gran amigo, Pepe Ruiz Canela, profesor de la ESIC Business & Marketing School, además de ser Gestor de riesgos para negociaciones internacionales de Telefónica por aquel entonces.

Pepe nos decía: "Os pueden hablar de mil estrategias distintas…, al final todas se resumen en dos: estrategias de coste y estrategias de diferenciación".

No debemos únicamente luchar por la eficiencia en una o en otra, debemos conseguir gestionar ambas de la mejor manera.

Seguramente la gestión del coste sea más práctica y sencilla, se requieren herramientas de control y buen seguimiento. Por el otro lado, conseguir un producto o servicio diferencial puede resultar algo más complicado, o al menos se requieren dotes diversas.

1. EL COSTE: EL ESCANDALLO

El escandallo forma parte de la ficha técnica de una receta, e incluye las cantidades de las mismas valorizadas económicamente para poder calcular el coste de materia e ingredientes del plato, sin contar con el coste de elaboración o proceso (coste personal) u otros costes operativos (energía, local físico…).

Elaborar el escandallo y ficha técnica de un producto nos servirá no únicamente para poder determinar un eficiente precio de venta, nos ayudará además a estandarizar nuestro producto en la manera que deseamos, así como definir la receta y gramaje de cada ingrediente, los alérgenos que contiene, el modo de elaboración… Con el escandallo, siempre que incluyamos en el mismo un porcentaje de merma, podremos saber la rentabilidad final de cada plato y el impacto en nuestro resultado, y podremos tener un mayor control de nuestras recetas, aunque dependa altamente del cocinero o chef que la prepare.

Trabajar la ficha técnica y el escandallo de un producto: Elementos que lo conforman.

Pensemos en una receta, la cual está conformada por distintos ingredientes, con una unidad de medida y cantidad por cada uno de ellos. Esta cantidad se extrapola a un formato de compra del producto que conforma ese ingrediente, para a su vez así poder saber el coste de la cantidad de ese ingrediente que utilizamos para nuestro plato. La suma de los costes de cada ingrediente sería el coste final o Food Cost de nuestro plato (sin añadir personal u otros costes).

Si a este escandallo añadimos los alérgenos de este, una foto de presentación y una explicación sobre su proceso de elaboración, tendríamos entonces la ficha técnica del mismo.

Veamos un ejemplo inventado de una ensalada de queso de cabra: En la parte superior de nuestra ficha técnica podremos incluir datos generales de la receta como: quién la creó, fecha de creación, eventuales modificaciones, para qué empresa o punto de restauración se creó, dónde se implantaría…

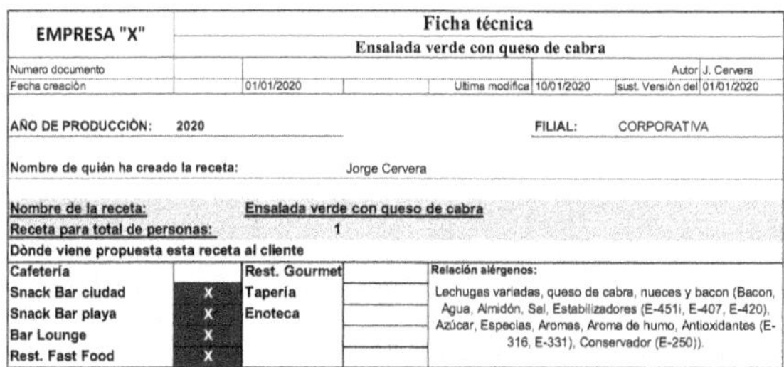

EMPRESA "X"				Ficha técnica			
				Ensalada verde con queso de cabra			
Numero documento						Autor	J. Cervera
Fecha creación		01/01/2020		Ultima modifica	10/01/2020	sust. Versión del	01/01/2020
AÑO DE PRODUCCIÓN: 2020					FILIAL: CORPORATIVA		
Nombre de quién ha creado la receta:			Jorge Cervera				
Nombre de la receta:		Ensalada verde con queso de cabra					
Receta para total de personas:		1					
Dònde viene propuesta esta receta al cliente							
Cafetería		Rest. Gourmet		Relación alérgenos:			
Snack Bar ciudad	X	Tapería		Lechugas variadas, queso de cabra, nueces y bacon (Bacon, Agua, Almidón, Sal, Estabilizadores (E-451i, E-407, E-420), Azúcar, Especias, Aromas, Aroma de humo, Antioxidantes (E-316, E-331), Conservador (E-250)).			
Snack Bar playa	X	Enoteca					
Bar Lounge	X						
Rest. Fast Food	X						

En la parte central añadimos normalmente el cálculo del escandallo:

Nombre ingrediente	Unidad (gr, Kg, lt.)	Total Porción	Tipo de formato	Proveedor	Coste Compra	Coste porción	% Coste
Queso de cabra rulo	Kg	0,1	1	Proveedor A	5,00 €	0,50 €	7,14%
Mezclum	Kg	0,10	1	Proveedor B	2,00 €	0,20 €	2,86%
Fresa fresca	Kg	0,03	1	Proveedor B	4,00 €	0,12 €	1,71%
Champiñones laminados	Kg	0,03	1	Proveedor B	1,00 €	0,03 €	0,43%
Vinagreta de frambuesa	Litro	0,03	1	Proveedor B	3,00 €	0,09 €	1,29%
Higos de turquía	Kg	0,01	1	Proveedor A	4,00 €	0,04 €	0,57%
Total Coste						0,94 €	
Precio de venta						7,00 €	
% de coste						13,43%	

Suponiendo que el precio de venta con IVA de nuestro producto es de € 7.-, el Food Cost de esta receta sería de € 0.94, o sea un Food Cost del 13.43% sobre el precio de venta.

Podemos añadir al mismo un porcentaje de merma. Normalmente en ensaladas a componer de este tipo, el porcentaje de merma es casi nulo, pero consideremos en nuestro ejemplo que sea de un 5%.

En la parte inferior podemos añadir la foto del mismo y la explicación del proceso de elaboración, para que quien la prepare en nuestra cocina pueda entender perfectamente cómo elaborarla, así como el tiempo de elaboración.

[Fuente: propia]

Pensad a si en lugar de un único restaurante, gestionáis varios puntos de venta. El proceso de estandarización de vuestro producto utilizando fichas técnicas de los mismos, sea para procesos de calidad y elaboración como para control de costes y garantías de compras puede resultar muy útil.

¿Con qué porcentaje de Food Cost tendríamos que trabajar?

La teoría nos dice que una vez que tengamos la ficha técnica del producto con escandallo, el Food Cost tendría que ser alrededor de un 25% del precio de venta y el Beverage Cost alrededor de un 15%. ¡NO sigamos siempre esta teoría!

Existen otros muchos factores que influirán en tu decisión del precio de venta; precio de la competencia, tendencia del mercado local y global, estación del año (si somos un restaurante o bar para un mercado turístico), localización de nuestro local (zona muy transitada), la especialización de nuestro staff o detalles y calidad de nuestro local por citar alguno de ellos.

Pensemos asimismo en el coste de otros productos de alto precio de venta como pueden ser los vinos. Compramos por ejemplo dos vinos, el primero a un precio cercano a los € 4.-, y el segundo por unos € 40.- Siguiendo la lógica del porcentaje de coste fijo (15% en bebidas, en este caso un 14,8%) venderíamos por ejemplo el primero por unos € 27.- la botella, y el segundo por unos € 260.- la botella. ¿Os parece lógico?

La realidad nos aconseja que cuanto más alto sea el precio de compra, menor porcentaje de margen sobre el precio aplicaremos, ya que el margen global económico será mayor. Además, pensemos que aquellos vinos con un precio de compra menor, podremos también venderlo a copa, ya que el eventual riesgo de merma por no consumo será menor.

Pongamos ahora que decidimos por ejemplo vender a copa un Champagne de alto coste. Después de abrir la botella y antes de que el producto pierda calidad vendemos únicamente dos copas del mismo. ¿Qué hacemos con el resto de la botella? A no ser, claro, que seamos un Winebar o enoteca especializada en champagnes y que tengamos un buen número de clientes que nos compre este tipo de producto, en vinos de alto coste y con una eventual poca rotación, no es muy aconsejable su venta a copa.

2. LA DIFERENCIACIÓN

¿Ofrezco algo diferente a mi competencia? ¿Soy el primero y único en ofrecer este producto ventajoso o servicio al cliente? ¿Hago realmente algo distinto a los demás en lo que realmente soy un especialista?

En el caso de que tu respuesta sea "Sí" a algunas de estas preguntas, tienes una gran oportunidad de frente a ti, ya que, si lo haces bien, y el cliente aprecia lo que haces, tendrás una ventaja en tiempo que te posicionará en el mercado como alguien "único".

Da Claudio, Ibiza

Por recomendación de unos grandes amigos de Roma, fuimos a visitar un restaurante situado en el puerto de Ibiza, en el cual la especialidad era un único plato, "la carbonara".

Existen muchos restaurantes italianos en Ibiza, y muchos que realizan la carbonara, pero éste se diferenciaba del resto por la elaboración de un simple plato, la auténtica carbonara romana.

En la misma utilizaba el "guanciale de amatrice" y el "Pecorino romano". El "guanciale" es una chacina italiana sin ahumar preparada con careta o carrillos de cerdo, proviene de "guancia" que quiere decir "carrillo". Mientras que el Pecorino es un tipo de queso de leche de oveja producido en Roma.

Me decían mis queridos amigos: "Debes ir a probarla, nosotros que somos romanos podemos decir que es la mejor carbonara la hemos comido, ¡y encima estando en Ibiza!". Conociendo la afición del romano por este grandísimo plato típico, era para visitar.

Pues bien, podemos confirmar que este restaurante era distinto al resto, por el reclamo y la calidad de un plato (y no sólo, incluso los postres eran deliciosos.) por el cual ya merecía una visita. Especializarse en un producto, haciéndolo reclamo para el cliente y diferenciándose de la competencia.

La diferenciación la buscamos como un elemento que nos haga totalmente distintos al resto, o bien por la suma de varios elementos que hagan que nuestro producto o servicio en su conjunto haga percibir a nuestro cliente que sea diferencial al resto. Veamos algunos de estos elementos (no todos).

Hospitality

Buscar de cerrar el "círculo de la hospitalidad" es clave a la hora de buscar la diferenciación. Para poder conseguir el objetivo de rentabilidad en nuestro restaurante, tendremos que trabajar bien la estructura de costes, pero sobre todo manejar bien todo el proceso de venta.

La venta en la gastronomía (como en el resto de las actividades económicas) se consigue gracias a la continua aceptación de nuestro producto por parte de nuestros clientes, y el cliente actual no busca únicamente un producto, busca experiencias. Para garantizar estas experiencias a nuestro cliente, podremos trabajar la ambientación del local buscando ofrecer algo único, trabajar un excelente producto, un concepto distinto u otros muchos factores.

Está en nosotros mismos con la ayuda de nuestro personal el poder venderlo, y si este personal no está formado, el círculo de la hospitalidad no se podrá cerrar, ya que la experiencia no será completa para nuestro cliente, y como consecuencia, nuestro modelo de negocio seguramente no perdurará en el tiempo, al menos, hasta que no aparezca un competidor que haga las cosas mejor que nosotros.

Tu misión es formar a tu equipo, hacerlos partícipes de tu estrategia, ponerte al mando del proyecto, pasar tus emociones a los mismos. Será tu equipo el que garantice la rentabilidad buscada.

Procesos flexibles

Hablábamos anteriormente de la importancia de los procesos y procedimientos en la gastronomía, sobre todo cuando debes de gestionar más de un punto de venta. ¡Pero atención a la rigidez de los mismos! El empleado los puede considerar como una máxima, y una vez se encuentren con una situación de frente a un cliente seguirlo a "raja tabla".

¿Dónde viene el problema? En la relación con el cliente. Nuestro cliente es único, busca una experiencia, y en el caso de duda o situación de problema, busca la solución ideal. Nuestro objetivo será buscar la situación perfecta.

Cuando desarrollamos los procesos de frente a un ordenador

durante la fase de planificación pueden existir muchas variables que se nos escapen, o bien el cliente puede reaccionar de manera totalmente distinta a como esperábamos. De ahí que tengamos que otorgar a nuestro staff una cierta flexibilidad y autonomía cuando aplicamos los procesos, es decir, que puedan modificar ciertas condiciones si la situación así lo requiere.

Formación continua y reconocimiento

El negocio lo vas a crear tú mismo. La misión y los valores del mismo partirán de tu cabeza y corazón. Tendrás que ser el primero en meterte en juego, formar continuamente a tu personal y ver que contigo tienen posibilidad de encontrar finalmente una situación en la que se encuentren bien a nivel de crecimiento, estabilidad y de reconocimiento si llegara el caso.

Si te inicias en este mundo es porque algo de experiencia tienes, o bien gozas de alguna ventaja que hace que te hayas decidido por el mismo. A no ser que sea un local relativamente pequeño y con períodos acortados de tiempo, necesitarás ayuda por parte de grupos de colaboradores externo (ya sean desconocidos, amigos o familiares).

Es tu misión (y será tu beneficio) formarlos tú directamente o bien motivarlos y darles la ayuda necesaria para que ellos sigan formándose. Piensa que cuanto mejor y más profesionales sean, mejor para tu local, mejor servicio darás, más clientes tendrás, serán capaces de ser eficientes en la administración y operatividad de tu restaurante y como consecuencia, mayor rentabilidad obtendrás.

Reconocer y motivar cada vez que realicen una buena acción, cada vez que mejoren en su trabajo, cada vez que te demuestren su lealtad. Te ayudará a que cada día tu negocio crezca.
¡Conviértete en el ejemplo a seguir por parte de tu equipo!

Producto y servicio
Sería como un resumen general o final de todos los puntos anteriores y de aquellos no comentados. El ofrecer un producto distinto (ya sea uno único o la suma de varios) y un servicio ideal para el mismo, serían la llave para poder abrir la puerta y recibir con orgullo a nuestros clientes.

Dicho así puede parecer muy sencillo, pero tendríamos que

profundizar estos conceptos. Por producto diferencial entendemos no únicamente un producto de calidad (con ingredientes frescos y de valor, bien elaborado), sino que contenga algún elemento que lo haga distinto al resto, algún matiz en su elaboración o algún ingrediente que haga que este producto sea único y no se pueda encontrar en ningún otro sitio, que el cliente visite tu restaurante porque allí se prepara un determinado plato mejor que en ningún otro sitio.

Igual no únicamente un determinado plato, también podemos hablar de productos en general; restaurantes famosos por sus arroces, reconocidos por la calidad de sus carnes etc.

A través del servicio, y una vez obtenida una buena base (algo que no siempre es fácil) podemos hacer cosas distintas: que se salude a nuestro cliente siempre en una forma amigable y con un saludo único, el cómo servir cada plato, un uniforme distinto y único, un sistema que haga que sea más rápido y eficiente…, en fin, tendremos muchas posibilidades.

Hoy en día, uno de los grandes problemas y dificultades a la hora de poder garantizar un buen servicio en la gastronomía es el de la alta rotación del personal. Puedes trabajar de manera excelente con las personas, elaborar buenos procesos para poder estandarizar el servicio sea quién sea la personal que lo haga, pero ésto no te garantiza que conseguirás siempre lo que buscas, ya que la satisfacción del cliente dependerá siempre en gran porcentaje del servicio que ofrezca nuestro staff. Si estás ante este problema no te queda otra, paciencia y al toro.

Continúa formando a tu personal, continua trabajando con procesos de servicio y comportamiento, y cuando encuentres a la persona o personas que buscas, cuídalas y ayúdalas a crecer junto a tu restaurante, porque al final serán los colaboradores quienes te ayuden y te hagan llegar a tus objetivos.

Capítulo 5:
La oferta y la operación

Cuando hablamos de oferta en gastronomía, no hablamos únicamente de producto, hablamos también de servicios, una parte intangible con mucho peso en la satisfacción del cliente.
Así que en nuestra estructura de oferta tendremos 3 partes.

La oferta gastronómica de producto conformada por las distintas recetas o platos, productos de buffet, fingers, sándwiches, pizzas…, que ofrecemos en nuestro menú, así como las bebidas alcohólicas y no alcohólicas que acompañan al mismo.

La estructura física de nuestra oferta, que sería el conjunto de utensilios, menaje, y demás material de servicio que utilicemos, así como la decoración (iluminación, decoración floral, muros y techos, pavimentación…) y mobiliario de nuestro local.

Y como último, pero no menos importante, la estructura técnica, nuestro personal.

1. MENÚ ENGINEERING ¿CÓMO PODEMOS APLICARLO?

En periodo de Navidades, normalmente nos llegan a casa los cuadernos publicitarios con ofertas de juguetes, unas 40 o 50 páginas repletas de material para poder pedir a Papá Noel. Los pequeños adoran ver este tipo de revistas y señalar marcando un círculo con el lápiz todos los regalos que les gustarían recibir.

Un día estuve atento a lo que hacía mi hijo pequeño Andreas, de 3 años de edad. La mayoría de las veces elegía el juguete de la parte superior, de la página derecha, se confirmaba aquí la teoría del menú engineering, donde normalmente el producto más cautivante, de mayor margen, el que mejor producimos o simplemente el más comercial, debemos de colocarlo arriba a la derecha, es allí donde instintivamente va el ojo.

El menú engineering o ingeniería de menú es el proceso de elaboración de menú o carta de nuestro restaurante o bar, a partir de unos datos estudiados y planificados con antelación, tales como escandallo para saber coste y rentabilidad de nuestro plato, o bien datos comerciales tales como aceptación del producto o presentación del mismo.

Además, en nuestro proceso de ingeniería de menú estudiamos cuántos platos o productos debe contener el mismo, el tiempo de elaboración estimado de cada uno, el margen de contribución de cada uno de ellos y otros tantos factores. Todos estos puntos elaborados y planificados en función de nuestra estructura de personal, capacidad de elaboración de nuestra cocina, distancias entre cocina y sala o material a disposición.

Consejos para construir el menú

Antes de iniciar a preparar nuestro menú, tenemos que tener muy claros criterios como el tipo de cliente al que querremos vender nuestro producto, el tipo de oferta gastronómica que deseamos proponer, o los tipos de precio estimados de venta sobre los que nos moveremos, habiendo previamente estudiado a la competencia.

Intentemos a la hora de elaborar nuestro menú que no sea únicamente un producto lo que venderemos, intentar que sea una experiencia. Me viene a la cabeza el Restaurante Sublimotion en el Hard Rock Hotel de Ibiza, un concepto guiado por el Chef Paco Roncero, en el que la tecnología de realidad virtual se combina con la alta cocina para poder crear una experiencia única en el mundo. Un restaurante para unos 12 afortunados comensales.

Piensa que el menú que crearás será enfocado a buscar la satisfacción del cliente, no la tuya propia, y que será un formato de platos bien seleccionados.

Primero se elabora el menú, después se proyecta el restaurante. Detectemos lo que podemos ofrecer al cliente, y como ofrecerlo. Será un producto que sabremos controlar y producir perfectamente, consiguiendo la calidad y operatividad deseada. A partir de ahí, podemos iniciar a proyectar nuestra cocina y sala, y crear un concepto y ambiente que esté en perfecta sintonía con nuestro menú.

Consideremos la estacionalidad de los ingredientes a la hora de elaborar nuestro menú, y al menos 2 o 3 veces al año añadir nuevos platos o modificar los que ya tenemos con productos típicos de la estación en la que trabajemos. Por ejemplo, en primavera realizamos platos ligeros, frescos y aromáticos, con productos como los espárragos. En verano productos más "refrescantes", con preparaciones no exageradas con grasas, carnes y pescados más ligeros, en otoño platos calientes a base de verduras, castañas, setas, carnes de caza, y en Invierno platos más sustanciosos como sopas o platos de cuchara, carnes rojas en salsa, primeros más elaborados. En fin, ¡sobre gustos colores!

Respetar la estacionalidad de los alimentos. El cliente de hoy tiene buenos conocimientos de cocina e ingredientes. Ya se sabe que cuando la fruta o verdura no es de estación, estaremos ante alimentos importados de destinos "exóticos" que igual sufren un proceso de congelación, disminuyendo su condición de fresco y calidad.

A no ser que se dé el caso en el que tu restaurante o bar sea de tema étnico o cocina internacional típica, no proponer demasiados platos con picante o del sabor demasiado exótico.

Proponer distintos tipos de cocción para las carnes y pescados. Desde la plancha, al vapor, al horno, al grill. El frito cuando trabajemos con cocinas tipo snack. Si decidimos en restauración gourmet hacer algo frito (ejemplo fritura de pescado), que sea un frito de calidad, con un buen aceite que no sea excesivamente reutilizado.

Evitar platos similares, mismo tipo de carne o pescado, cambiar los contornos (por tipo o por método de preparación) o ingredientes base. Asimismo, siempre se agradece el que se dispongan de distintas salsas o fondos de base (para cocina tipo gourmet).

Para los restaurantes tipo Snack, turísticos o gourmet (no "only adults"), pensar también en los más pequeños. Pensad que para aquellos padres que vayan acompañados de sus hijos (un gran porcentaje de clientes del fin de semana y de almuerzos) el que el restaurante disponga de menús para colorear o juegos para entretener a los peques, ayudará a que se conviertan en clientes fieles. El disponer de algunas recetas para los más pequeños, hará que podamos abarcar una mayor cuota de mercado.

Platos ya listos y fáciles de consumir para el cliente tales como pescado ya fileteado o un arroz ciego, platos con carnes o pescados ya deshuesados, sin piel o ya cortados/preparados.

El desafío del postre: la formación del personal
Y bien, después de una muy buena cena, en un espléndido local con una increíble atmósfera, ¡se llega al postre! Un momento dulce para cerrar el servicio.

Normalmente (a excepción de restaurantes gourmets de alto nivel y que cuentan con la figura del patissier), son productos relativamente "ágiles" en la preparación, que pueden incluso elaborarse antes del servicio para que cuando el cliente los pida, estén ya prácticamente preparados, sólo a la espera de recibir el toque final de complementación o decoración.

Además, son productos muy bien trabajados en 5ª gama (Convinience 5). Tartas ya elaboradas o congeladas, postres en mono porción, helados ya elaborados, toppings, salsas, cremas o natas ya elaboradas. Obviamente siempre se prefiere el casero, pero todo dependerá de cómo se desarrolle la operatividad de tu restaurante.

El servicio es una parte muy importante, y clave para que el postre se pueda ofrecer siempre. En muchos casos no se vende porque ni siquiera se le ofrece al cliente. A veces elaboramos un menú distinto en el que incluimos únicamente postres, o bien podemos preparar una bandeja con todos nuestros postres ya elaborados (para que puedan despertar "dulces sensaciones" en nuestros clientes una vez los ven). Pero será nuestro staff quién tendrá que ofrecerlos al cliente una vez haya terminado con el segundo plato, y sobre todo saber venderlos bien, conocer lo que ofrecen.

Son normalmente productos de alto margen, con riesgo de merma reducido (normalmente son fríos a menos de 5 grados centígrados, por lo que duran más tiempo, o incluso congelados), y pueden ayudar a completar el ciclo de satisfacción del cliente, ya que será el último producto (al menos de comida) que probará nuestro cliente durante su visita a nuestro local.

La selección del número de platos

Llegamos a la parte a veces complicada, difícil porque querríamos incluir un gran número de recetas que conocemos, productos que pensamos que puedan funcionar, aquellos que pensamos que el cliente pueda adorar, pero ¿es factible incluir por ejemplo 40 platos o recetas en nuestro menú? Como siempre, la única respuesta que podemos dar es: depende.

Depende de tu cocina, del número de cocineros a disposición, de la cantidad de almacenes o neveras de las cuales disponemos, de la formación de nuestro personal, del tipo de producto que ofrecemos, elaboración del mismo, podríamos enumerar muchísimos factores. Eso sí, tendrá que ser algo factible por parte de tu equipo y que garantice la calidad que deseamos ofrecer.

Existen algunos números que se pueden utilizar como referencias, por ejemplo: en restaurantes o bares con un producto de elaboración relativamente más fácil, o productos que comparten ingredientes o procesos, podemos tener cartas con más de treinta productos. Pensemos por ejemplo en las pizzerías o hamburgueserías.

Para otros en los cuales cada producto o receta sean distintos entre ellos, y tengan unos altos parámetros de calidad, así como mayor dificultad en el proceso, no se recomiendan menús con más de veinte o veinticinco platos. Pensemos por ejemplo a los restaurantes tipo Gourmet.

Productos para todos. Nuevos "trend" que siguen la gastronomía

El consumidor actual demanda una variedad y amplitud muy diferente al de hace algunos años. Anteriormente los menús de los distintos bares y restaurantes eran muy símiles entre ellos, con productos más o menos parecidos.

Hoy en día aparecen nuevos productos que ocupan un porcentaje muy alto dentro del consumo actual.

Productos de origen biológico (aquellos que no sufren manipulación genética de sus componentes, uso de antibióticos, pesticidas, disertantes u otras sustancias químicas), productos biodinámicos (inspirados en los principios de Rudolf Steiner, quién buscaba mejorar la calidad de la cultivación y de los terrenos, utilizando compuestos naturales, trabajos no destructivos y con rotación agrícola, siguiendo el calendario lunar para la inseminación), productos "Gluten Free", productos dietéticos, funcionales, productos vegetarianos sustitutos de la carne….

Cada vez son más los clientes adeptos a este tipo de productos, y no vendría mal tenerlos en consideración antes de elaborar nuestra oferta gastronómica de productos.

2. LA CARTA DE BEBIDAS

El complemento de la bebida para nuestro menú es parte estratégica de nuestro restaurante, no solo por la mayor rentabilidad en porcentaje y en términos absolutos de la bebida, o el menor porcentaje de merma o de riesgo en la elaboración.

Necesitamos de un personal formado que sepa preparar nuestro producto y lo presente en el modo justo, pero normalmente el proceso tendría que ser menos "laborioso" que en cocina.

La parte quizás dónde más especialización y profesionalización se necesite es en las cartas de cocktails y mocktails (cocktails sin alcohol) o en las cartas de vino, donde sobre todo en restaurantes de alto nivel, se buscan maridajes a las recetas propuestas que puedan sorprender al cliente, además de una alta variedad de los mismos.

Refrescos y bebidas sin alcohol

No pensemos únicamente en los refrescos carbonatados y aguas (con gas y sin gas). Podemos ofrecer una alta gama de productos, siempre en función del espacio disponible para almacenaje o del tipo de actividad que realicemos. Algunas de las ventajas de estos productos es que son relativamente veloces en su servicio, y la caducidad de los mismos es bastante alta. Algunos restaurantes Gourmet de un cierto nivel pueden incluso tener cartas de agua, con mineralizaciones y propiedades distintas entre ellas.

Son productos normalmente preparados a partir de agua potable o mineral, neutros o con el añadido de algún zumo de fruta, néctar, infusión o edulcorante. Podremos incluir desde los zumos o néctar de frutas (con un porcentaje de fruta de al menos el 40%), refrescos (denominados bebidas de fantasía) normalmente aromatizadas y gaseadas, y en las cuales no se hace referencia a los ingredientes que contiene (por ejemplo, Coca Cola o Sprite).

Tendremos después la oportunidad de ofrecer otros productos tipo "healthy" como los Detox (combinación de varias frutas, verduras y semillas, con alto contenido en fibras y vitaminas, con propiedades antioxidantes y depurativas), o cocktails sin alcohol, también conocidos como Mocktails (Virgin Mojito, San Francisco, Virgin Colada…).

Vinos y cervezas

Existen ya libros completos hablando de estos productos en exclusiva. El mundo del vino y de las cervezas nos abre las puertas a innumerables posibilidades y ejemplos, productos de calidad suprema y que pueden siempre marcar la diferencia.

Como explicado anteriormente, todo dependerá del tipo de local que tengamos, pero el momento de la elección de nuestros vinos y cervezas (pensad que existen cervecerías con más de 20 o 30 referencias, y cartas de vino con más de 500 referencias) es uno de esos en los cuales más se disfruta con las elecciones.

Vinos blancos frescos y afrutados, aquellos con un toque de madera, tintos jóvenes y juguetones que dan su resultado en función del momento y acompañante de comida, aquellos señores vinos pasados por la "barrique" durante varios años con un bouquet extenso y sabores inesperados, el mundo de los rosados cada día más en uso, espumosos ya sean de autoclave o a través del método clásico, pasando por el Cava, por el Franciacorta, Prosecco o el admirado Champagne…, un sinfín de verdaderos tesoros.

En el caso tengamos un Fast Food, son productos que igual no tienen tanta cabida, y si hablamos de un bar o restaurante tipo Snack o tapería, igual necesitemos sólo alguna referencia que se pudiera vender a copa. Pero en el caso de la restauración tipo Gourmet, con la carta de vinos se nos abre un mundo precioso, en el que obviamente se requiere mucha atención, ya que en función del tipo de carta y el número de referencias que queramos presentar, podemos encontrarnos de frente a una fuerte inversión en producto, creando un stock bastante alto.

Para este tipo de acción se requiere del personal especializado o sommeliers que no solo puedan servir, explicar, maridar y vender nuestro producto, sino que también (y muy importante) sepan cuidarlo y mantenerlo.

El maravilloso lúpulo, que interactuando en el proceso de fermentación y en función de determinados factores nos da cervezas claras u oscuras, con o sin alcohol, especial o de doble malto, a baja fermentación o alta fermentación, cervezas trapistas…

Al final la cerveza es uno de los productos más antiguos existentes, así como de los más consumidos.

El servicio de las mismas es también importante. En cañita, en jarra, en copa de balón, servicio en dos tiempos, temperatura de servicio (6 ºC a 8 ºC para las de baja graduación, y de 8 – 10 ºC para las de medio cuerpo como las "lager" o las "ale")

Cocktails, mocktails y otros alcoholes

Hablemos ahora del cocktail, concepto igual más identificado con mercados anglosajones en sus inicios, pero que actualmente son conocidos en todo el mundo.

Son muchas las teorías que nos hablan del origen de la palabra "Cocktail", procedente de Cock`s Tail (cola de gallo). Algunos dicen que proviene de las distintas bebidas combinadas que daban a los gallos para que fueran más agresivos durante las peleas, también se habla que en el siglo XIX en un puerto de México (San Francisco de Campeche) un tabernero utilizaba raíces llamadas colas de gallo para mover la bebida típica de aquel entonces, el drac de ron. También se habla de un origen en New Orleans, en las que un boticario francés ofrecía unos elixires en vasos conocidos como Coquetiers...., son varias versiones, pero no se sabe cuál es aquella cierta.

En los locales tipo bares, lounge o snack bars, podremos encontrarnos una carta con los mismos, con productos archiconocidos como el Mojito, la Caipirinha, el Long Island Iced Tea, el Daiquiri, el Margarita…, productos que, si son elaborados con maestría por nuestro barman, ayudan a crear una experiencia positiva en nuestro cliente. La versión sin alcohol de los mismos sería el Mocktail.

El cómo elaborar la carta, con cuantos productos, con que dificultad, todo dependerá del concepto que queramos ofrecer, así como de la especialización de nuestro personal.

Recuerdo allá por el 2003, cuando trabajé en el London Ritz, que la carta de cocktails del Rivoli Bar contaba con más de 100 referencias, todas con ingredientes naturales, primeras marcas, y personal muy entrenado para ofrecerlas. El cliente nos visitaba por la calidad y exclusividad de los cocktails que ofrecíamos.

Otros productos muy en auge hoy en día son los Vermuts, muy extendidos por la zona del mediterráneo norte (Comunidad valenciana, Baleares y Cataluña), aunque también en núcleos urbanos como Madrid. En el norte de Italia (Piemonte y Milano) podemos encontrar inclusos bares dedicados a ello.

El Vermut, ya sea rosado o blanco, servido con hielo y con patatas fritas o alguna buena conserva o encurtido de calidad que lo acompañe, hacen por sí solo un concepto.

Café y tés

Para cerrar pasamos a los cafés, tés, infusiones y similares. Junto con el digestivo, el combinado o la copita de brandy, whisky o cognac, uno de los últimos productos de nuestro proceso de servicio y despedida con el cliente.

Pueden existir puntos de venta especializados en estos productos, que ofrecen alternativas a los mismos, pero en los que el producto principal y de reclamo son el café o el té e infusiones. Por ejemplo, pensemos en Starbucks o las teterías que nos podamos encontrar en los centros de ciudad.

Dejando a un lado este tipo de actividades, normalmente ambos tienen que estar presentes en nuestra carta, sea cual sea nuestro formato de restauración, sobre todo el café (quizás excepto en los FastFoods, aunque si cada día más, también están presentes en los mismos).

Son productos de un altísimo margen a nivel de porcentaje, un proceso y tiempo de servicio muy veloz, y que se puede servir en cualquier momento, no únicamente después del almuerzo o de la cena.

El café ofrece distintas alternativas: ya sea arábica o robusta, en los porcentajes que nos lo ofrezcan los productores, con leche o sólo, espresso o macchiato, caffé latte o capuccino. Existen distintos tipos de servicio del café como tantas calidades en función del productor y de la mezcla utilizada. También el té e infusiones son un producto en alto crecimiento, sobre todo en mercados con temperaturas más bajas o centros de ciudad.

3. LA SALA, LA COCINA Y SU PROYECCIÓN

Decíamos antes, que necesitamos primero crear la carta, y una vez la tengamos, pasar a proyectar la sala. Obviamente dependerá del local en el que vayamos a realizar nuestra actividad, local que habremos elegido por la zona, por el potencial de clientes pasantes, por su amplitud, por sus características, o por el motivo que sea.

Tendremos que considerar varios elementos en la proyección del mismo, tales como crear un ambiente concreto que tenga relación con nuestro menú y concepto, además de contar con un acceso fácil, una zona para recibir al cliente, una zona bar y aseos.

Estaremos atentos a eliminar las distintas barreras arquitectónicas, eliminando cada tipo de obstáculo que pueda impedir a cualquier cliente poder acceder al mismo, posibilitando la accesibilidad a todos los puntos de servicio existentes, sobre todo para personas ancianas o de movilidad reducida.

El recibimiento de nuestro cliente es el primer elemento de presentación con el mismo, así el poder recibirlo con un saludo, acomodarlo, explicarle el menú y aconsejarlo en su orden, son elementos diferenciadores en el servicio. El contar con una zona tipo guardarropa, sobre todo en locales de mercados de temperaturas no tan cálidas es un punto necesario (¡no lo es tanto en un local de turismo veraniego de playa!).

Dentro de la sala, el que cuente con espacio suficiente para que el personal pueda trabajar y moverse cómodamente, que esté bien iluminada, y que cuente con un mobiliario de buen diseño, pero sobretodo cómodo, son requisitos clave.

La iluminación, ya sea con luz natural a través de ventanales o artificial, o con luces más bien cálidas, no debe alterar el color del plato que ofrecemos o el vino o bebida que lo acompañe. Si trabajamos con locales nocturnos o de cena, utilicemos un tipo de iluminación más cálida, decantándonos más por el halógeno que por el neón electrizante, y si es posible luz natural de velas. Elementos como iluminación, telas, maderas, decoraciones floreales o plantas, ayudan a aumentar la sensación de buen ambiente en nuestro restaurante.

Estad atentos a la temperatura del local. Calefacción o aire acondicionado no son nuestras únicas soluciones. El utilizar ciertos materiales (ya sean tejidos o materiales de madera) y colocar muebles en ciertos sitios que "corten" las corrientes de aire pueden también ayudar. Así como en verano, utilizar ventanales en sitios opuestos para hacer que el aire circule.

El poder insonorizar nuestro local de ruidos externos, y utilizar un pavimento que elimine el ruido exagerado (como por ejemplo un tenedor que cae o el ruido provocado por el tacón del zapato). Podemos utilizar desde una moqueta (más en restaurantes tipo Gourmet) o suelos de madera (incluso suelos vinílicos que imitan la madera con sistemas de insonorización). Por el contrario, estos tipos de suelo son poco prácticos para la limpieza y poco higiénicos, sobre todo cuando utilizamos la moqueta. ¿Alternativas? Suelos en mármol, en granito…

Para las paredes podemos utilizar distintos papeles de pared. Infinitos en variedades, calidades y colores, que serán los que marquen la decoración definitiva de nuestro local. Utilicemos elementos de vegetación (jardines verticales, maceteros, plantas colgantes) para "cubrir" los huecos vacíos de la sala, así como otros muebles de decoración que sean operativos (por ejemplo, estaciones de servicio o muebles para el almacenaje del vino).

Y por último, pero no menos importantes, los baños, aseos, WC o toilettes. Elementos que muchas veces quedan por descuidados, pero que generan un potente recuerdo (ya sea positivo o negativo) en nuestro cliente. Tenerlo siempre limpio y cuidado, y decorarlo con algún tipo de elemento, música de fondo, servicio de toallitas de papel, jabón para las manos, un buen espejo, algún detalle floral…, hará que nuestro cliente se lleve a casa una buena percepción de cuidado del detalle de nuestro local.

Restaurante Nº5 by Francisco Segarra

Francisco Segarra es una de esas personas de las que se puede aprender muchísimo, con las ideas muy claras, un gran profesional, y con grandes proyectos ya a sus espaldas. Para Francisco tener muy claros los múltiples factores que intervienen a la hora de diseñar un restaurante es transcendental. La autenticidad es el factor determinante y cuando tiene se total libertad para explorar ideas es cuando las posibilidades son infinitas. Nº 5 Burger Garage es una muestra de su creatividad ilimitada.

Su concepto inicial era conseguir un restaurante único, huyendo de estereotipos y llevando al límite el arte de diseñar espacios. El resultado es un nuevo modelo de negocio donde cada elemento tiene un propósito y ningún rincón queda al azar.

La cuidada decoración, donde el interiorista tuvo en cuenta hasta el más mínimo detalle, consigue una espectacular ambientación que nos traslada al típico taller mecánico de los años 70. El proyecto, no obstante, presentó ciertas dificultades que todo trabajo de gran envergadura encuentra. Retos que incrementan el valor de su éxito.

El lugar que se escogió para la ubicación del restaurante presentaba unas dimensiones que a priori parecen facilitar el trabajo, pero cuando el fin es conseguir un espacio acogedor, hay que crear diferentes áreas, pero siempre conectadas formando una idea global.

Dejando al descubierto elementos de la estructura, se optó por chapas metálicas para delimitar las zonas a modo de auténticos boxes, donde taladros, alicates, destornilladores... parecen esperar las manos de su dueño. A lo largo del local encontramos una estructura elevada que muestra antiguas Derbi y Bultaco que incrementan la autenticidad del lugar.

Fiel a su estilo rompedor, Francisco Segarra, creador del concepto, apostó por un estilo industrial, donde los materiales y los acabados se nos presentan en crudo, despojados y perfectamente imperfectos. La estética industrial tiende a crear un ambiente más frío y atemporal. Para compensar este resultado, se jugó con las tonalidades y se determinaron los puntos de luz. Las paredes se revisten de azulejos que presentan el desgaste de los años y el suelo barnizado simula manchas de grasa y aceite.

El mobiliario parte de la combinación de los materiales industriales por excelencia. En las sillas y taburetes el metal con efecto oxidado se suaviza mediante su contacto con la calidez de la piel.

Una original puerta de taquilla da paso a un pequeño reservado, que simula la parte más privada del taller, donde una colección de trofeos, un casco y un traje de carreras decoran las paredes. La cocina es el motor de este proyecto y nunca mejor dicho, pues un verdadero food truck se convierte en el epicentro de este restaurante. Una Citroën HY es el lugar donde se preparan las hamburguesas gourmet, que son la especialidad de la firma N°5.

Como no podía ser de otra manera, el producto que se utiliza para la elaboración de la carta que podemos encontrar en este local, no escatima en calidad. Desafiando las ideas preconcebidas sobre este tipo de alimento, en el restaurante N°5 se apuesta por un menú saludable, donde se aprovechan los productos de la temporada sin colorantes ni conservantes.

Conocedor de la importancia del diseño en cada aspecto, Francisco Segarra ideó la mejor manera de servir cada bocado. El menaje con el que se acompañan las comidas surge de la originalidad y la diferenciación. Piezas inéditas componen una cubertería en forma de llave inglesa.

En un proyecto 100% FS, era importante abarcar cada detalle para que el resultado fuera envolvente. Como si de un verdadero taller se tratara, los uniformes de los camareros son monos de mecánicos y los baños simulan lavaderos. Los funcionales lavabos de granito se acompañan de grandes bobinas con papel secamanos.

Un espacio donde el interiorismo se refleja en todos los elementos. Las piezas recuperadas de antiguos talleres, las cartelerías y el mobiliario Vintage nos acercan de lleno al ambiente fabril, pero también acogedor, que se deseaba conseguir.

Dentro de lo que es la elaboración de la cocina, podemos realizar distintos tipos, a elegir en función del tipo de producto, servicio y procesos que utilicemos para los mismos.

Podremos trabajar con cocinas convencionales, de menos tamaño y con espacios abiertos, con el equipo de cocina y maquinaria necesario. Hoy en día se lleva mucho el concepto de cocina abierta, en la que a través de un ventanal, el cliente puede observar cómo se trabaja en la misma y como se elaboran los productos. Este concepto lo utilicé yo mismo en el *Restaurante Elementi* de Lugano con muy buen resultado.

Otra posibilidad es la de elaborar una cocina tipo moderna, con una estructura medio-grande y separación de las zonas de producción y de finalización del producto.

Una cocina central con satélite es aquella que cuenta con una parte central (normalmente la zona en la que se encuentra el Chef de cocina o responsable) y varias zonas divididas por partidas o por distintos productos. Normalmente la zona de finalización o de ensamblaje es la central en la que esté el jefe de cocina.

Lo que está claro es que, para poder proyectar nuestra cocina, tendremos que tener bien claro nuestro menú, cómo se elaboran los distintos productos del mismo, y el material que necesitaremos para la elaboración y conservación de los mismos. No dejemos pasar por alto las zonas de lavado de la cocina (menaje, utensilios, residuos…), así como aquellas de almacenaje de producto, ya sean cámaras de frío, economatos…

Cuenta con la opinión de algún experto en higiene o sanidad para que te ayude.

AQUA Pool & Lounge Ibiza

Durante el invierno del 2018, hicimos de una debilidad una oportunidad. El hotel Mare Nostrum (Ibiza) con una capacidad de 1.100 huéspedes. Estaba distribuido en dos torres, una frente a la otra. En medio de las mismas la zona de piscina con 2 bares y un restaurante comedor con capacidad para más de 1.000 comensales. Un tejado lleno de máquinas de aires acondicionados y otro tipo de maquinaria, a decir la verdad no muy bonito de ver.

Quisimos modificar el aspecto de esta terraza para "mejorar" la vista de más de la mitad de nuestros huéspedes, así planteamos el crear un local tipo Rooftop con un bar Lounge en el que ofrecer Snacks y bebidas. Zonas de relax y zonas de restauración juntas, en presencia de una bonita piscina con base de cristal que pudiera ser vista desde el hall de la recepción.

La zona puede albergar a unas 500 personas, y el ambiente creado, además de mejorar bastante la estética y el nivel del hotel, nos permitió conseguir un nuevo punto F&B con además una alta rentabilidad.

El resultado del primer ejercicio fue espectacular, superando en más de un 40% nuestras expectativas de ventas. El menú propuesto fue una carta tipo Snack, con productos de elaboración muy rápida, de alta rotación, y de ensamblaje muy sencillo. El food Cost, entre un 18% y un 22% de media. El beverage era caracterizado por productos y bebidas de calidad, con detox, cocktails y mocktails elaborados con ingredientes frescos, con un beverage cost de entre el 12% y el 15%.

Puedes elaborar el menú y después proyectar el bar y cocina en función al mismo (no muy aconsejable) o bien idear tu menú, proyectar tu cocina basándote en el mismo y readaptar el menú con el resultado final. Cocina ideada para el tipo de menú planteado pero que sea genérica en muchos aspectos, ya que en el caso de que decidamos de cambiar el tipo de carta o producto ofrecido, lo tendremos ya hecho. No te cierres en una única idea.

Capítulo 6:
Historias de éxito

8e20 Events & Services (Italia y Suiza)

Un caso de éxito muy interesante que pude conocer personalmente, colaborando con ellos y conociendo a los fundadores, es la empresa italo-suiza 8e20. Fundada en 2010 en Milán, por Luca y Francesco (en ese momento ni siquiera llegaban a la treintena de edad), construyeron una compañía que hoy cuenta con unos cuarenta colaboradores fijos y más de 100 eventuales, con una facturación anual que supera los tres millones de euros.

Francesco y Luca comenzaron como camareros para eventos en la zona del centro de exposiciones de Milán (Milano Fiere). Allí percibieron que el mercado demandaba un producto que conocían bien, el servicio de outsourcing para personal de sala. En muy poco tiempo, 8e20 consiguió una gran cantidad de clientes. La oferta creció considerablemente, así como el número de servicios de sala solicitados. 8e20 más tarde se expandió con el personal de cocina. El siguiente paso: la restauración gourmet. 8e20 se especializa en la creación de catering utilizando solo productos de la más alta calidad, con especial atención a la estética de los platos, y con el cuidado del detalle.

Con el paso del tiempo, 8e20 comenzó a establecer colaboraciones y asociaciones estratégicas de éxito; con organizadores de eventos, Wedding planners, Flower Designers…, Pasan desde Milán a abrir su nueva sede en Lugano (Suiza) donde perciben una oportunidad de mercado (otro momento clave interceptado), y en poco tiempo logran brindar asesoramiento y realizar servicios de catering para las marcas y empresas más importantes de la zona: VIP Hockey Lounge en Lugano, Casino de Lugano, Seven Group, Grupo Migros, RSI (TV suiza), Guess, todos los mejores hoteles en Lugano…, sin descuidar el mercado italiano, formalizando nuevas colaboraciones con el teatro La Scala, Dolce & Gabbana o Da Vittorio (restaurante con tres estrellas Michelin)

Más tarde adquieren una cocina central en Lugano como

laboratorio de producción para los servicios de catering y eventos. Pudiendo almacenar maquinaria en el nuevo almacén, comienzan con un nuevo negocio: el alquiler...

¿Qué enseñanza podemos sacar de su aventura? Reflexiona sobre cómo nació esta gran compañía, la astucia de mirar más allá de la vida cotidiana, entendiendo las necesidades de mercado y dando respuesta, siempre con un enfoque siempre constructivo y nunca de negación.

1. EL PERSONAL

La historia de 8e20 nos hace ver como a veces cuando no es posible por distintos motivos poder contar con un personal cualificado para eventos o servicios especiales, puedes contratarlo fuera, buscando ayuda con quién se dedica a este tipo de servicio de manera profesional.

Lo que está claro es que, en la gastronomía, obviamente junto al producto, el servicio es un factor clave, y que, si queremos ser "únicos" o estar entre los mejores, necesitaremos un equipo profesional y formado. La formación y profesionalización del equipo de colaboradores es un factor altamente estratégico.

¿Buscar el jugador estrella o crearlo tú directamente? El gran formador

Está claro que la calidad de nuestro servicio staff es primordial en nuestra actividad. Para llegar a ese punto de profesionalización, tenemos dos opciones; la primera, la de contratar fuera, y la segunda, la de formar a tu equipo internamente.

Contratar el personal más cualificado puede tener un coste más elevado, pero también mucho menos riesgo. O sea, se dice que lo barato sale caro, y nunca mejor dicho, invertir en personal cualificado a la larga nos será muy rentable, ya que no solo captarán la idea de negocio a la perfección y cuidarán de que el producto que ofrecemos y el servicio del mismo sea excelente, sino que también aportarán su "know how" para hacer crecer nuestra empresa.

Una empresa (en el sector servicios) crece a través de las personas, así que invertir en personal es invertir en futuro, pero ¿a qué precio? ¿Pagamos al empleado todo lo que nos solicita? Todos quisiéramos tener en nuestro equipo a Lionel Messi o Cristiano Ronaldo, pero no siempre es económicamente posible.

Así que se nos presenta la segunda opción, la de la formación. En este punto, TÚ eres clave. Tendrás que transmitir al equipo toda tu experiencia, tu "savoir faire" todo lo que has aprendido que piensas que pueda ser clave para conseguir que el servicio de tu local sea el idóneo, y cuando no llegues al nivel que deseas, buscar ayuda afuera. ¿Dónde? Existen distintas escuelas y universidades de formación, escuelas de cocina, cursos de sommelierie…, en fin, muchísimas posibilidades para que tu personal contribuya al crecimiento de tu negocio.

Hoy en día muchas empresas financian distintas posibilidades y cursos de formación con contratos en los que se garantizan un período de trabajo después de la formación recibida por parte del colaborador, con distintas penales y multas a aplicar en caso de que se rompiera el acuerdo por parte del colaborador.

Por ejemplo, financiamos un curso de Cocktelería a nuestro encargado de bares. Se puede redactar un contrato en el que se contempla que el curso será financiado por parte de la empresa siempre y cuando el colaborador permanezca en nuestra actividad por un período estipulado después de finalizar con éxito la titulación, caso contrario tendrá que pagar la parte diferencial aportada para dicha formación. Idem para el caso de no consecución de la formación.

Dreamers Club Marbella. Ejemplo de staff estratégico

¡Cómo podría olvidarme de esta gran experiencia!

Alrededor del 2003 o 2004 me llegó mi primera gran oportunidad a nivel de dirección. Con 21 años me ofrecieron el trabajo de responsable en Dreamers Club de Marbella, local en el que previamente había trabajado como camarero de sala. Dreamers Club era una de las discotecas más famosas de Marbella con un aforo de unas 1.500 personas y que fue conocido además de su ambiente y grandes fiestas, por el cartel de DJs invitados.

La gran cifra de ventas se conseguía a través del servicio de sala (barras y mesas). El camarero llevaba la bandeja cargada de botellines, botellas de alcohol y vasos para servir directamente al cliente en una de sus zonas privadas.

Pues bien, imaginaros la situación, el más joven de la plantilla de un día al otro pasa de camarero a responsable. No fue fácil al principio, pero después de un tiempo el éxito no tardó en llegar gracias a un elemento clave: el Staff, la plantilla de colaboradores.

Existía tal unión y compromiso que eran los mismos camareros los primeros en vender el producto, en conseguir fidelizar al cliente, conseguir mayores ventas, ayudaban a los nuevos compañeros con training y formación. En fin, era un personal muy por la causa.

Cuando se producen cambios en las empresas, no siempre todos lo aceptan de igual manera. En estos períodos suele haber una alta rotación de personal. Pues bien, a la hora de contratar personas, la política que aplicamos fue distinta, no buscábamos expertos en el sector, queríamos seleccionar gente comprometida y con ganas de aprender. Personas que venían a formar parte de aquella familia.

Una vez en plantilla, a cada una de estas personas se les asignaba un compañero con más experiencia que le explicaría todos y cada uno de los procesos de servicio, así como toda la operativa del trabajo. En poco tiempo los veías que llevaban la bandeja llena de productos por encima de la cabeza como quién lleva un pañuelo o que conocían a todos los clientes como si hubieran tratado con ellos durante muchos años. Cuando estaban fuera de su puesto de trabajo llevaban y comunicaban la marca Dreamers como si fuera suya propia.

Así entonces vemos que tenemos dos posibilidades, ambas con sus "pros" y sus "contras", ¿cuál elegir? Seguramente las dos son vías positivas, dependerá de la situación y de los recursos con los que nos encontremos.

Casino de Batumi (Georgia)

Recuerdo allá sobre el 2014 que Casinos Austria International me encargó el proyecto de mejora del Restaurante del Casino de Batumi, en Georgia. Además de la creación de la cocina del mismo (diseño y proyección), me solicitaron conseguir profesionalizar y establecer estándares de servicio para el personal de bares y restaurante.

Batumi por aquel entonces era un "oasis en mitad de un desierto". Aunque si hoy en día cuenta con una mejor oferta turística, por aquel entonces su principal activo era el juego de azar a través de los casinos. Recuerdo que existían más de diez grandes casinos y salas de juego en un espacio muy reducido de la ciudad. Era conocida como "Las Vegas of the Black Sea".

Nuestro casino estaba localizado en la primera planta del gran hotel Hilton, y el cliente que venía a visitar nuestras salas era en gran mayoría de origen turco.

Así, nuestro Operations Manager me solicitó de crear un menú con gran base de cocina turca y georgiana (para dar también un carácter "kilómetro cero" a la misma). Planificar y elaborar teóricamente un producto no es difícil, la dificultad viene en el momento de aplicarlo a la realidad. El personal del restaurante era en gran mayoría georgiano, con menor formación respecto al personal con el que normalmente se trata en el resto de Europa, y con sueldos distintos.

Lo primero que tuve que hacer para conocer la situación a la que me enfrentaba, fue analizar el mercado y costumbres, así como estudiar el contrato nacional de trabajadores en Georgia y el convenio de hostelería de este. Nos encontrábamos con una situación bastante novedosa, ya que no hace muchos años, el régimen político en Georgia era muy distinto al actual.

Así que no nos quedó otra que formar bien nuestro personal. Preparamos escandallos de las distintas recetas, explicamos a cada persona como proceder, les dimos nociones sobre como presentar la sala y el buffet, pautas de servicio… Fueron varios viajes y reuniones, pero al final el resultado fue positivo.

2. NUESTRO PARTNER Y AMIGO EL PROVEEDOR

¡Cuánto es importante!

Piensa en el producto que ofrecerás a tu cliente. Para poder elaborarlo, necesitarás varios ingredientes de calidad, que lleguen siempre a tu centro de producción en las mejores condiciones y a tiempo. Tu "amigo proveedor" será el encargado de garantizarte que siempre lo recibamos en las mejores condiciones higiénico-sanitarias, todos y cada uno de los días que solicites, buscará y te propondrá siempre alternativas que ofrezca el mercado, te

garantizará que no tengas problemas con roturas de stock…
Puntualidad en las entregas, buenas condiciones de pago, fiabilidad comercial, asistencia…, son todos puntos importantes a la hora de seleccionar un buen proveedor.

Piensa que no sólo te dará un servicio de asesoría a la hora de seleccionar productos o también un servicio de logística de los mismos, el proveedor financiará asimismo nuestra actividad, ya que podremos vender hoy un producto apenas recibido que después pagaremos en 30, 60, 90 o 120 días, en función de las negociaciones de pago.

Es importante seleccionar bien quién será tu proveedor y analizar todas las distintas variables del mismo, ya que sin duda será clave en tu devenir futuro.

Capítulo 7:
Gestión y control de productos

1. EL TPV Y EL PROCESO DE DIGITALIZACIÓN DE SISTEMAS

¿Recordáis aquella gastronomía previa a la digitalización donde el camarero tomaba la comanda con su libretilla y bolígrafo, y después para sacar la cuenta se "marcaba" todo como artículo genérico con su precio? Pues bien, todavía existen casos similares hoy en día. Igual no es un problema cuando se gestiona un único punto de venta de reducida dimensión, del cual se conocen bien su rentabilidad y sus productos, todo ello gracias a una gran experiencia.

Pero ¿qué pasa cuando empezamos de cero con un punto de venta bastante amplio o con buena cifra de venta? ¿Y si además lo gestionamos, pero no intervenimos en la operativa como gerente? ¿Y si no se trata de uno sino de varios puntos de venta? Pues bien, una buena ayuda para la gestión, venta y control de nuestros productos es la de seguir un proceso de "Digitalización", a través del sistema TPV (Terminal de punto de venta). Comanderos digitales que ayudan a realizar pedidos a cocina o bar con todas las especificaciones posibles, unidos a un "front" o caja digital táctil que sería utilizado como punto central de los distintos comanderos, con impresoras en los puntos que nos interesen, así como las distintas "partidas" de una cocina o en bar.

Todo ello conectado a un software de gestión que nos permita analizar todos los datos referidos a ventas y stocks, así como para concedernos los datos de ventas, compras y consumos necesarios para llevar una correcta contabilidad y gestión de nuestro negocio.

A la hora de decidir qué software y TPV utilizar, tendremos múltiples posibilidades y ofertas. La decisión final sobre el mismo no dependerá únicamente de las prestaciones que nos pueda ofrecer, sino también de la fiabilidad de los datos que nos muestre y sobre todo de la facilidad de su utilizo.

El que pueda ser compatible con otros sistemas es también un punto a tener en cuenta. Me he encontrado en varias situaciones en las que restaurantes y bares han utilizado sistemas TPV de alto coste y con múltiples opciones pero que, por falta de formación o dificultad del mismo, al gestor no le era posible obtener todo su rendimiento, hasta tal punto que se utilizaba únicamente para la parte operativa de venta en el momento, sin aprovechar todas las variantes de gestión del mismo. Así que "¡mejor menos completo, pero menos complicado!"

El sistema tiene que servir de ayuda para nuestra gestión, y no al contrario. Elige un sistema con fácil implementación. Otro punto a tener en cuenta a la hora de la compra es el servicio de ayuda y asistencia que nos ofrezcan, así como su coste. A veces estos servicios son facturados por horas, y el coste final puede ser bastante elevado. Es importante tener la posibilidad de asistencia técnica en períodos tales como festivos o fines de semana.

Pensad que cuando más y mejor puede trabajar nuestra actividad es en estos periodos, y que quedar "colgados" por el sistema cuando más lo necesitamos puede llegar a ser un gran problema. Por mucha fiabilidad y asistencia que nos ofrezcan, siempre es aconsejable tener un plan de contingencias para nuestro sistema

TPV, algo manual que no "pare" la venta en caso de fallo del sistema. Algo como un simple comandero tipo libreta (con 3 folios de distintos colores por cada comanda, uno para caja, otro para cocina o bar y otro para control por parte del camarero) con bolígrafo y sistema de apertura de caja tipo manual. Sería más que suficiente.

Red Wifi

Uno de los requisitos fundamentales para poder implantar un completo sistema TPV con comanderos digitales tipo Touch es el de tener una óptima red Wifi. Un buen Wifi que nos permita tener actualizados continuamente nuestros datos, que no cree problemas a nuestros comanderos por quedarse "colgado", pero no únicamente para este punto de vista operativo. Hoy en día el Wifi es un punto estratégico para la venta.

Pensad que, en la elaboración de estrategias y cuestionarios de las grandes compañías hoteleras, la red Wifi es uno de los puntos más cruciales. Tener una buena red para que nuestros clientes puedan conectarse no es un punto que sume de manera importante, pero el no tenerla sí que puede ser un error muy grave que nuestro cliente no perdonará.

En la mayoría de las encuestas, entre los puntos a mejorar por parte del hotel o restaurante suele aparecer la red Wifi en caso de que no sea óptima, pero en los puntos positivos de la misma no suele aparecer. Hoy en día se convierte en un "must", algo que tenemos que garantizar para que la experiencia del consumidor sea la esperada

Menús en digital

Cada día aparecen nuevas posibilidades para poder presentar nuestros menús, gestionar la operatividad de los mismos y nuevos medios de gestión.

Nos encontramos por ejemplo con menús tipo digitales, en los que nuestros productos se presentan a través de un Tablet y no en formato de papel como se ha hecho hasta no hace mucho tiempo. En el mismo, una vez seleccionamos el producto, se nos muestra una foto del mismo, con descripción de los ingredientes y alérgenos, incluso con el valor nutricional, las posibilidades de combinación con bebidas o maridajes con algún vino, e incluso con la traducción directa de los mismos en otros idiomas.

Las grandes cadenas de restauración que utilizan esta opción suelen seguir estrategias tipo "caminos guiados" en los que los distintos productos están combinados para formar menús completos y se intenta que el cliente no adquiera únicamente un producto, sino una combinación de ellos. Por ejemplo, recuerdo visitar una hamburguesería de una cadena llamada "Ham Holy Burger" en Italia.

Podías seleccionar entre varias opciones de hamburguesas e incluso modificar la receta. Después de seleccionar tu hamburguesa se pregunta por la bebida a combinar con la misma, ofreciendo la opción en cervezas de una amplia gama, nos ofrecen otros tipos de combinaciones con productos tipo fingers y por último el postre.

El ejemplo más claro de este tipo de menú digital es el utilizado por McDonalds, en el que si ordenas en la columna tipo Touch en lugar de ir al mostrador (suele ser casi obligatorio en la actualidad) el sistema va dirigiendo al cliente a través de las distintas opciones y productos disponibles, con el objetivo de vender no sólo un producto por cliente, sino el menú completo.

Otros softwares de gestión de producto

Al final, las posibilidades para poder digitalizar los procesos de nuestro restaurante o cadena de restaurantes serán muchas, todo dependerá del grado de control que queramos implantar, así como de las posibilidades internas de personal o formación que queramos conseguir, y por no olvidar, la disponibilidad económica que tengamos.

Por eso, repitiendo lo ya dicho en un párrafo anterior, un punto importante a la hora de decidir qué softwares o programas utilizar, es la compatibilidad de los mismos con otros, ya que el poder hacer que interactúen entre sí es primordial.

Recuerdo por ejemplo un excelente software de gestión de productos que utilizábamos en Migros, el CalcMenú. Un programa para la gestión de venta de productos, que nos permitía tener escandallos y fichas técnicas de los mismos con todas las características y datos necesarios (receta, gramajes, alérgenos, valor energético, foto, proceso de elaboración, tiempo de elaboración…), así como poder gestionar los distintos productos para cada punto de venta concreto, o poder planificar distintos menús.

Es decir, se creaba una ficha completa de un producto, que después podríamos habilitar para los puntos de venta que deseábamos o incluso incluirlos en distintas planificaciones semanales o mensuales (ya fuera por promociones, por ofertas o por períodos concretos).

2. EL CONTROL

La Checklist operativa

Muchos restaurantes de hoy en día consiguen gran parte de su venta gracias a la organización de eventos, ya sean privados, de matrimonios, comuniones, fiestas privadas, cenas de empresa…

La gestión de este tipo de servicio suele ser más fácil de controlar que la de la normal operatividad "á la carte", ya que en el caso de los eventos contamos con un número cerrado de clientes, un menú ya concertado en el que podremos calcular previamente el coste del mismo, podremos planificar el personal de manera más certera, prever un "timing" de servicio más acertado…, en fin podemos incluso llegar a calcular el beneficio operativo final estimado del mismo, ya que normalmente el precio del evento es cerrado (a no ser que dejemos algún tipo de servicio por facturación a consumo, como por ejemplo las bebidas).

Pues bien, para el control de estos eventos se suelen utilizar las "Check list" de control, que sería el conjunto de informaciones operativas desde la planificación del evento, pasando por la producción del mismo y por el cierre, y que sirven para poder controlar el éxito de las mismas, así como las personas responsables de llevarlas a cabo. Internacionalmente este tipo de documento es conocido como "Fac Sheet".

En el mismo se incluyen informaciones tales como organización del local o sala, personal y horarios, funciones y responsabilidades, menú de comida y bebida, informaciones específicas (alérgenos, solicitudes, horarios, presentaciones), detalles de facturación…

FACT SHEET					
NOMBRE EVENTO			FECHA EVENTO		1 de enero de 2020
DETALLES CLIENTE			Responsable Playasol para el evento		
Empresa					
Persona contacto			Nombre	Jorge Cervera Tirado	
Posición			Posición	Director Corporativo F&B	
Teléfono			Teléfono	111 111 111	
Tlf. Móvil			Teléfono	222 222 222	
Email			Email		
Location			Versión	1	
Horario servicio					
Tipo evento					
Adultos					
Niños					
INFORMACIÓN GENERAL					
HORARIO	DESCRIPCIÓN	INFORMACION	DONDE	COSTE	RESPONSABLE
SERVICIO STAFF					
HORARIO	DESCRIPCION	INFORMACION	DONDE	COSTE	RESPONSABLE
SET UP SALA					
HORARIO	DESCRIPCION	INFORMACION	DONDE	COSTE	RESPONSABLE

Otro tipo de Checklist operativa que se utiliza es la de control diario. Normalmente gestionada por el Restaurant Manager o la persona responsable del establecimiento, incluye todos aquellos puntos e informaciones (rutinas de trabajo) a realizar antes de la apertura, durante y después (al cierre) para el correcto funcionamiento y cumplimiento para una correcta operatividad.

Existen muchísimos modelos completos de la misma, que pueden ser incluso elaboradas como procesos. Lo ideal es que organices tú mismo la tuya propia siguiendo la estructura: "pre-durante-post", es decir, todos aquello puntos de control antes de la apertura del restaurante, durante la apertura y al cierre.

El report mensual: control de ventas, de costes, de personal

Mensualmente nuestro financiero o asesor contable nos informará sobre el resultado obtenido, y tendremos algunos datos sobre ventas y costes. A nivel de gestión igual necesitaríamos algún dato más, por tal motivo y siempre dependiendo del volumen y capacidad de trabajo del punto de venta, es aconsejable realizar un Report (informe) mensual propio, con el que tendremos una mejor visualización del resultado económico y operativo de nuestro bar o restaurante.

En el mismo podremos utilizar datos sobre ventas, consumos de productos y gastos de personal (datos de representación de nuestro Budget o presupuesto mensual), pero además datos relativos a clientes (número visitas o comensales, mayores horarios de visita, gasto medio por cliente, rentabilidad por cliente, productividad de cada camarero en función del número de clientes y venta de productos) o datos relativos a productos (productos más vendidos y porcentaje de venta de cada uno sobre el total, rentabilidad de los mismos, número de unidades vendidas….).

La elaboración y confección del mismo dependerá de la información más relevante con la que quieras contar, o aquella que creas que es más necesario y decisiva para tu actividad.

La amortización: compra de inmovilizado

Normalmente son criterios que utilizarán nuestro asesor contable o la persona a la que delegaremos estos puntos, pero no está mal tener bajo control la parte de amortización por compra de inmovilizado en términos de control.

La inversión en mobiliario, máquinas y sistemas informáticos para poder operar con nuestro restaurante suelen ser elevados.

Estamos obligados contablemente a adoptar un criterio de amortización contable, pero el poder tener en cuenta la parte que amortizamos cada año o período de vida útil para cada uno de estos elementos nos puede ayudar a ver mejor la recuperación de nuestra inversión, y nos permitiría ver a partir de qué fecha comenzamos a producir beneficio habiendo ya rentabilizado nuestras compras de inmovilizado.

Por ejemplo, compramos una mueble vinoteca tipo nevera para nuestro restaurante. Puede ser que nuestro contable o asesor decida amortizarlo todo en un único ejercicio, pero igual a nivel de operatividad decidimos que los supuestos € 10.000 que nos costó, los amortizaremos en 4 años (a nivel de gestión), o sea, € 2.500 al año. En nuestra cuenta de gestión (cuenta de explotación de gestión propia) tendremos en cada año, durante 4 años un gasto de € 2.500.

Normalmente este tipo de acciones no se suele utilizar a la hora de gestionar un restaurante, ya que se sigue el criterio que lleve nuestro financiero o asesor contable, y éste será el dato oficial que se presente como resultado anual. Pero a veces, por ejemplo, para empresas que se dediquen a la organización de eventos o de catering, puede ser una herramienta de gestión válida.

Control de cubiertos

Una acción útil es la del control de cubiertos o número de personas que visitan nuestro punto de venta. Contando con un buen sistema de TPV no sería muy complicado. Bastaría con añadir el número de clientes en cada nueva comanda, es decir, poder añadir una opción o pregunta cada vez que se abre una cuenta o mesa (ficticia en el caso de ser un bar o autoservicio) en la que se nos solicite el número de personas a añadir.

Normalmente los TPV cuentan con la opción de venta por distintas horas del día, así que con estos dos datos (ventas por hora y número de clientes) tendremos accesos a datos tales como días de mayor facturación, horario de mayor facturación, horario de mayor rentabilidad (si cruzamos estos datos con productos y sus escandallos), mejores períodos, productos más demandados por clientes…

Todos estos datos nos pueden ayudar a ser más eficientes en

nuestra planificación de personal por horarios, mejorar la estructura de servicio o para revisar la estrategia de producto

Por ejemplo:

FEBRERO

	Día	Óptimo 35-50	Bueno 25-35	Suficiente 20-25	Bajo 15-20	Malo 0-15	Capacidad Restaurante	% occupazione
V	1		35				40	88%
S	2			25			40	63%
D	3		27				40	68%
L	4				17		40	43%
M	5				17		40	43%
X	6					14	40	35%
G	7				16		40	40%
V	8			25			40	63%
S	9	42					40	105%
D	10			24			40	60%
L	11					9	40	23%

$$\text{Ingreso medio por cubierto} = \frac{\text{total ventas}}{\text{numero cubiertos}}$$

$$\text{Productividad del personal} = \frac{\text{Total ventas}}{\text{Numero total FTE}}$$

FTE: Full Time equivalent (forma de medir la cantidad de empleados a tiempo completo que se necesitarían para llevar a cabo el trabajo realizado en una empresa)

[Fuente: propia]

Legalidad

Además de la operatividad pura y dura, tendremos que gestionar paralelamente toda la parte legal de nuestra actividad, ya sean impuestos, pagos de seguros, certificaciones, licencias... Normalmente es un área en lo que no somos muy ágiles o no estamos muy atentos a fechas y cumplimientos, a no ser que tengamos una formación específica en la materia.

Otro punto asimismo importante es el de adaptación de nuestra actividad a nuevas leyes aprobadas, o aprovecharlas en el caso nos sean favorables. En el caso de que no seamos capaces de gestionar eficientemente estos puntos, o no tengamos la capacidad para ello, existe la solución: delega.

La figura del asesor o gestor financiero contable será siempre de gran ayuda.

3. PREPARA TU BUDGET (PRESUPUESTO)

En deportes de largas distancias tales como ciclismo o maratón, podemos encontrarnos con el auténtico campeón. Aquella persona que supera sus límites y bate records cada año. Pero incluso este campeón necesita unos buenos compañeros de equipo para lograr esa ansiada victoria, unos compañeros que le ayuden a "tirar" más fuerte, que le orienten con los tiempos y que le guíen en conjunto a la meta.

En nuestra actividad, el Budget o presupuesto puede ser ese compañero de equipo que te sirva como guía, para saber cómo vamos en resultados en función de la planificación inicial.

Es un elemento esencial, casi por decir obligatorio en empresas de un determinado volumen, y nos dictará el total de ventas que tendremos que alcanzar al final de nuestro ejercicio, así como el total de costes o porcentaje de los mismos a no superar, el coste del personal necesario etc,. Todo marcado por una cifra objetivo final, el útil, Ebitdar, Gop…., el beneficio final.

Durante la operatividad nuestras cifras podrán variar, lo importante es que en su conjunto nos proporcionen el beneficio útil objetivo que nos habíamos planteado, y es que si existe una palabra que congenie bien con presupuesto, es la de objetivo.

Se puede elaborar de muy diversas maneras, bien iniciando por un objetivo de ventas e ir bajando en la cuenta de explotación hasta llegar al útil, o bien iniciar directamente desde nuestro beneficio objetivo.

Aquí no os daré una lección de contabilidad y finanzas avanzada, y no hablaremos de márgenes de contribución I, II o III, o beneficios antes de impuestos, o criterios de amortización, simplemente os daremos un tool o herramienta más básica que te permita controlar internamente la operatividad de tu bar o restaurante. El trabajo técnico lo podrás dejar al especialista contable o administrativo. Veamos un ejemplo práctico con cifras no reales (Fuente propia):

Iniciemos por las "Ventas". En este apartado incluiremos todos los conceptos de venta para tener una suma final (pagos en efectivo, con tarjetas de crédito, transferencias bancarias…).

Presupuestaremos mes a mes todo el año de mi ejercicio, para saber las diferencias que tendremos respecto al resultado real, ya sea en términos globales como en porcentajes.

	ENERO			
	REAL	BUDGET	DIFERENCIAS	
	Totale	Totale	%	Totale
VENTAS	97.750 €	80.000,00 €	122,19%	17.750,00 €
Cash euro	50.000 €			
AMEX	500 €			
Maestro	15.000 €			
Mastercard	10.000 €			
Visa	8.000 €			
Vales empresa	250 €			
6000 Eventos pago por transferencias	14.000 €			

Una vez identificadas las ventas, pasaremos a la parte de los "Costes Variables de ventas" por mercaderías (consumos de comidas y bebidas). Conviene registrarlo como consumo y no como stock, ya que el stock es un activo de nuestro negocio, y lo que realmente va a resultado operativo son los consumos. Restando los variables de consumo a nuestras ventas, obtendremos un primer margen comercial. Siguiendo con nuestro ejemplo:

COSTES VARIABLES DE VENTAS	37.000,00 €	32.000,00 €	115,63%	-5.000,00 €	4
Coste consumo mercaderías "Comidas"	23.000,00 €	23.53%			2
Coste consumo mercaderías "Bebidas"	14.000,00 €	14,32%			1
MARGEN COMERCIAL	60.750,00 €				6

Pasamos después a citar los costes del personal, ya sea nuestro personal contratado tipo fijo (indefinido), con contrato temporal, o bien eventuales contratados para períodos de venta extraordinaria:

COSTE VARIABLE DE PERSONAL	23.000,00 €	25.000,00 €	92,00%	-2.000,00 €	2
Coste staff con contrato fijo	15.000,00 €	15,35%			1
Coste Staff con contrato temporal	5.000,00 €	5,12%			6
Coste Staff Extras contratados	3.000,00 €	3,07%			3

No sólo existen costes de consumos y personal en nuestra actividad, existen otros costes de producción tales como compra de material operativo, reemplazos de material, limpieza, y otros muchos de los cuales obtendremos el margen industrial.

OTROS COSTES DE PRODUCCIÓN	2.450,00 €	2.000,00 €	122,50%	450,00 €	2
Compra material limpieza y consumo	500,00 €				
Costes lavandería y mantelería	1.200,00 €				1
Compra flores, decoración...	250,00 €				
Compra utensilios cocina	300,00 €				
Reemplazos menaje (copas, platos...)	200,00 €				
MARGEN INDUSTRIAL	35.300,00 €	21.000,00 €	168,10%	14.300,00 €	3

Por último (en nuestro ejemplo, pueden existir otros muchos modelos de control de presupuesto) marcamos los "costes de estructura", tales como publicidad, eventual alquiler de nuestro local, amortizaciones por compras de inmovilizado, seguros, gastos de administración…

COSTES DE ESTRUCTURA	9.370,00 €	10.000,00 €	93,70%	-630,00 €	8
Publicidad	1.400,00 €				
Servicios varios y comerciales	200,00 €				
Costes por reparaciones y mantenimiento	250,00 €				
Alquileres	5.000,00 €				5
Luz y agua	400,00 €				
Amortizaciones	1.000,00 €				1
Costes generales administrativos	600,00 €				
Otros seguros	400,00 €				
Otros costes de gestión	120,00 €				

El resultado final de operar las ventas con todos nuestros costes nos dará un útil neto (sin impuestos, modelo teórico y no contable), en el que podremos ver nuestro resultado real en función del objetivo mensual que nos habíamos marcado, en porcentajes y términos reales monetarios:

	Real	Ppto	Diferencia	Diferencia	
UTIL NETO	25.930,00 €	11.000,00 €	235,73%	14.930,00 €	24

[Fuente: propia]

Conclusión

Así que logramos ver algunos de los diferentes mercados y tipos de gastronomía, con sus particularidades, operaciones y posibles estrategias para una excelente gestión.

Luego profundizamos en el análisis de la competencia y vimos lo importante que es saber lo que están haciendo nuestros competidores, pero sobre todo cuáles son sus puntos fuertes y cómo podemos aprender y, si es posible, establecerlos en nuestra empresa.

La oferta y la operación para cada tipo de servicio (desayuno, almuerzo, aperitivo o cena) se explicó con ejemplos de restaurantes exitosos o modelos de tiendas de alta rentabilidad.
Luego, en el Capítulo 3, les hablé sobre los diferentes tipos de actividades.

Desde bares hasta comida rápida, pasando por bares de vinos y bares de cócteles, restaurantes de autoservicio y terminando con los admirados restaurantes Gourmet. Dentro de este capítulo, algunas notas para la gestión en línea de la actividad, tanto desde el sitio como desde las redes sociales.

En el capítulo 4 comenzamos a hablar sobre la estrategia (tanto por los costos como por las ventas a través de la especialización) y luego explicamos la parte analítica del producto, específicamente las hojas de datos del producto y el costo de los alimentos. Luego hubo una pequeña introducción a los procesos de restauración.

Más adelante, se ha explicado el proceso del menú de ingeniería o cómo desarrollar y preparar lo mínimo o el papel de su restaurante, tanto para alimentos como para bebidas, explicando las diferentes categorías de productos. Y, por lo tanto, algunas ideas sobre el diseño del comedor y la cocina, cómo crear su proyecto de restaurante desde el punto de vista de la operación y la rendición.

Un punto importante que no se olvidó en este libro fue el de los "socios". Proveedores pero sobre todo la gestión de personas, con algunos ejemplos reales y el uso de diferentes modelos motivacionales.

Por último, pero no menos importante, hablamos sobre el producto y su control, explicando la importancia de adoptar el proceso de digitalización en los restaurantes y brindando algunas herramientas útiles como la Lista de verificación, los modelos de presupuesto o el modelo de control y análisis de rentabilidad.

Si te gustó este libro y quieres ponerte en contacto conmigo, puedes encontrarme aquí:

www.jct360.eu

me@jct360.eu

www.linkedin.com/in/jorge-cervera-tirado

Agradecimientos

Estas líneas que escribo hoy son posibles gracias a un gran número de personas. Pero quisiera destacar a algunas que me dieron el impulso necesario en el momento adecuado para poder crecer.

Gracias a Antonio Domenech y a Michael Keijzer por creer que un joven de 21 años sería capaz de llevarles su importante Disco Club en Marbella, cuando cualquier otra persona no habría sido tan atrevida en su decisión. En especial a Antonio Domenech, por creer siempre en mi criterio y acordarse de mi después de más de 10 años para poderme traer de vuelta a España.

Gracias a Helmut Wede y a Patrick Lardi por apostar a por aquel joven español que continuamente les contaba sus ideas. Por darme la oportunidad para que dirigiera toda la gastronomía del Casino de Lugano y darle rienda libre a la creación de sus restaurantes y bares, y especialmente a Helmut por llevarme a realizar tantos proyectos por toda Europa y parte de Asia. Siempre recordaré aquellos buenos tiempos en Georgia con la realización del proyecto del Casino de Batumi.

Gracias a Giacomo Bruno por empujarme a dar ese salto extra y emprender la aventura de escribir un libro. Un auténtico número 1 del mundo empresarial, persona que consigue todo lo que se propone.

Gracias a Paqui Cervera, Alberto y Axier por los consejos a nivel de lector.

Y sobre todo gracias a mi mujer Carmen di Miceli por ayudarme, soportar mi frenética carrera y empujarme moralmente siempre que lo necesito.

Notas sobre el autor

Jorge Cervera Tirado, nace en Marbella, y es asesor gastronómico y propietario de la agencia JCT360 (www.jct360.eu). Actualmente es del Director Corporativo de Alimentación y Bebidas de una de las cadenas hoteleras más importantes de España, el Grupo Playasol Hotels, con 37 estructuras y más de 65 puntos de venta de hostelería bajo su gestión (cafeterias, bares, restaurantes, comedores y servicios de eventos/catering), y con más de 600 colaboradores en su departamento.

Con más de 20 años de experiencia en el mundo de la gastronomía, 15 de los cuales en posiciones de dirección, Jorge ha trabajado en mercados tan distintos entre ellos como España, Inglaterra, Francia, Alemania, Italia o Suiza. Dejando el miedo a un lado y buscando nuevos retos. Siempre maleta en mano, ha abandonado continuamente la posición de comodidad buscando cambiar y aceptando nuevos retos para mejorar su experiencia.

Ha colaborado con empresas reconocidas a nivel internacional como The Ritz o The Ministry of Sound (Londres), Olivia Valere y Dreamer's Club (Marbella), Schuhbecks Group (Munich), Seven Group y Cooperativa Migros (Suiza), Nikki Beach (mundial) o Casinos Austria International (mundial).

Además de su experiencia en el management, Jorge ha colaborado en proyectos de nueva creación como Restaurante Elementi (Suiza), Sala Innova Club (Málaga), On Beach (Torremolinos) Casino Schaanwald Restaurant (Lichtenstein), Casino Batumi Restaurant (Georgia), Seahorse Restaurant (Ibiza), Blavós Ibiza (Ibiza) y Aqua Pool Lounge (Ibiza).

Licenciado en Administración y Dirección de Empresas por la Universidad de Málaga y con un MBA por la ESIC Business School, Jorge ha tambíen obtenido un Master en Restaurant Management (Universidad de Zaragoza), un Diploma de Gestión y Dirección de Gastronomía (Gastrosuisse, Suiza) y el Diploma de Sommelier (AIS, Milán, Italia).

Jorge lleva adelante su actividad empresarial junto a su familia, su mujer Carmen y sus dos hijos Christian y Andreas, con los que comparte preciosos momentos a diario.

www.jct360.eu